さだまさしが聞きたかった、「人生の達人」タキ姐のすべて

加藤タキ　さだまさし

講談社

はじめに

さだまさし

加藤タキという人の偉大なる才能と努力とその凄まじい仕事の数々を、そして見事なまでに淡々と飄々《ひょうひょう》と、しかし凛として美しい人となりを、もっともっとたくさんの人に伝えたいと思ったのがこの本を作るきっかけになった。僕との出会いはお母さまの「加藤シヅエ先生」だった。

1979年に『関白宣言』という歌を発表したとき、世間が騒然とした。まずは「関白」という単語に過剰反応したようだ。「関白」というのは「男尊女卑思想」を賛美する言葉として受け止められ、女権論者から強く反発されたため、作った本人としてはきょとんとした。

落語に「替り目」という噺《はなし》があるが、この噺のような、口先では威張り散らす亭主が実は「女房にぞっこん」というおかしみが伝わると良いと思っていたのだった。この歌の歌詞を全部読めば女性蔑視とはほど遠い、いじらしい男から女への愛の歌であることは小学生でもわかると思っていたからだ。「関白」という仰々《ぎょうぎょう》しい言葉を持ち出したのは僕としてはシニカルなギャグのつもりだったし、読解力のない人がこんなに居るとも思わなかった。大新聞の夕刊で「あなたはどっち派？」という5段抜きの特集まで組まれ、賛否両論噴出という形で大騒ぎになり、そのお陰で歌は超大ヒット曲になった。

僕はそのせいで、さらに嫌われ叩かれる立場に追い込まれたのであったが、その論議を笑い飛ばしたのが「加藤シヅエ先生」だった。「男はこれで良し、女もこれで良し、この歌はこれで良し」と僕を庇《かば》ってくださったのだ。

これを新聞記事で読んだときに僕の心は震えた。「加藤シヅエ」と言えば日本で最初の女性代議士の一人。社会党の代議士だったし、女性の権利については最先端の論者だったので、びっくりした。そういう人は「関白」という単語に過剰反応する最先端の側の人だと、勝手に思い込んでいたからだ。

これがきっかけで親しくさせていただくようになり、85歳のお誕生日にはご自宅へ押しかけてミニコンサートをやった。実は加藤タキさんが加藤シヅエ先生のお嬢さんであることは存じ上げてはいたが、まさに恰好良い女性の代表みたいな人で、当時の六本木族長のようなオソロシさがあって近寄り難く、すいーっと馴染むようなことは出来なかった。実は僕はもの凄い「人見知り」なのだ。

その後、安比《あっぴ》高原にあるホテル安比グランドで正月にライブをやるようになった頃にようやくゆっくりとお目に掛かることが出来るようになった。お元気な頃に加藤シヅエに捧げる歌を書く約束をしていたのだが、僕の持ち前の「大事なことになると時間が掛かる病」のせいで、ギリギリ間に合わず『勇気凛凛』を書き上げたのは亡くなる直前のことで、シヅエ先生に聞いていただくことは叶わなかった。

「タキ姐《ねえ》」と親しく呼べるようになったのはこれより後のことで、それはタキ姐が『勇気凛凛』を気に入ってくださったからだ。このところタキ姐はほとんどのコンサートにおいでくださっていて、その都度励ましていただいているのだが、最初にお目に掛かったときからずっと思っていたことがあった。それはタキ姐自身のことだ。

タキ姐が現れる前、日本にはアーティスト・コーディネーターという職業は無かった。それどころか様々な歌手や音楽家の公演などを扱う「興行」に関わる人々の中にはかなり怪しげな人も多く、僕ですら怪しげな興行主にギャラをすべて持ち逃げされたことがあるくらい「最近」のことなのだ。

昔は外国のアーティストのことは「外タレ」と呼び、１９６０〜70年代、外タレを連れてくる人は「呼び屋」と呼ばれ、この辺りの人々はいわゆる胡散《うさん》臭い人たちと見られがちだった。それが時代の流れとともにシステムも考え方も変化を遂げる。タキ姐は次の時代を切り拓き、正々堂々たるエンターテインメント業界成立のために働いた立て役者の一人なのだ。

タキ姐は極めて有能な通訳者であり、後にアーティスト・コーディネーターという職業を作った人なのである。本書をお読みくだされればその人脈の凄みに驚かれることだろう。オードリー・ヘプバーン、ソフィア・ローレン、マレーネ・ディートリッヒ、フランク・シナトラ、マイケル・ジャクソンと名前を並べるだけでも、どれだけ彼女の仕事が日本のエンターテインメントを豊かに耕し、水を撒き、下支えをしてくれたかがわかる。

だが僕が本書に残したかったのはそこだけではない。加藤多喜子が自立し、加藤タキとして為し得た仕事は本当に素晴らしいが、僕が強く興味を持ったのは「加藤タキ」という僕の大好きな人物がどういう経緯で出来上がったのかという一点だった。加藤シヅエという日本を代表する社会運動家、女性代議士の娘として生まれ、どのように育ち、どのように傷つき、どのように努力をし、どうすれば日本中の女性が憧れるようなエレガンスや教養を身につけ、それでいて驕《おご》らず自然体で清々しく生きられるのか、そのエネルギーはどこで生まれ、どのように磨かれ、どのように発揮されるのかをつぶさに知りたかったというのが本書を企画した一番の目的だった。

本書を経て、ようやく腑に落ちたことがある。加藤タキの「凛」は加藤シヅエの「凛」であり、加藤勘十の「凛」であった。一人の女性が両親を愛し、尊敬し、じっと見つめ、決して従順では無く、かといって抗《あらが》いもせず、生きてきた根底にあったのは真に両親の深い「愛」であった。見てくれや一時の誤魔化《ごまか》しではなく、一人の娘の生命を正しく見つめようとした両親の「祈り」であったろう。つまり広い世界で羽ばたき奔放に生きてきた加藤タキは、実は加藤シヅエというお釈迦様の掌に遊んでいたのだ。また、そのことをきちんと自覚し、理解し、諒解し、胸を張るタキ姐がここにいる。「父はこれで良し、母はこれで良し、娘もこれで良し」だ。

またまたタキ姐に勇気を貰った。
タキ姐、やっぱり恰好良い!!

目次

第1章

年齢にとらわれない生き方

ロールモデルがいると人生に迷わない

まさし　タキ姐のような生き方に憧れている人、多いと思います。

どんなふうに生きていったらいいのかってみんな迷うじゃないですか。年を取れば取るほど迷うはずなんですよ。その迷いの最中《さなか》の人たちに、やっぱりタキ姐らしい、勇気凛凛と湧いてくるような、いろいろヒントを教えてもらえるといいなと思ってるの。

もちろん、今の若い子にも聞かせたいのよ、タキ姐の話を。

僕も20代半ばで偉大なジジイにたくさん会う機会に恵まれてね。例えば遠藤周作先生と山本健吉先生と新宿に飲みに行ったことがあります。遠藤先生はそんなに深く飲まなかったけど、ベロベロに酔っぱらっている赤塚不二夫さんもいらして、3時ぐらいまで飲んだことがありました。

山本健吉先生、酔っぱらうと『防人《さきもり》の詩《うた》』を歌い始めるんですよ。御詠歌《ごえいか》みたいに歌う。そしたら遠藤先生が、「おい、さだ、この歌うめえのか、どうなんだ」って言われるから、うーん、答え方難しいじゃないですか。「味がありますね」と言ったら、「うまいこと言うな」ってポカンと殴られました。

そういう経験をして、「あ、こんなじいさんになりたいな」っていう明確な目標があると、人生に迷わなくなるね。だから、僕、コンサートでもよく言うの。

「自分の人生に迷ってる人は、男だったら『こんなジジイになりたい』って男の人と出会いなさい。女は『こんなばあさんになりたい』という女の人と出会いなさい。人生が楽になるから。で、年寄り見つけたら話しかけなさい。絶対喜ぶから」って。

僕もだんだん老人になってくると、若い人に話しかけられると嬉しいもんね、興味を持ってくれてるだけでも。

60歳のコンサート

まさし　タキ姐の言葉がね、話し方も含めて僕はすごい好きなのね。けっこうきついこと僕言われるのね。でもね、それがね、嫌味でもないし、なんかすごい腑に落ちる。前にさ、僕が60歳のときのコンサートあったでしょ。

タキ　ああ、アレね（笑）。

まさし　還暦のお祝いのコンサートを「さいたまスーパーアリーナ」でやったの。平日の午後4時からの開演だったにもかかわらず、ありがたいことにチケットがあっという間に売り切れたの。で、僕は自分のお客さん用にチケットを取るでしょ。そのチケットをいろんな人に渡さなきゃいけないのに、タキ姐に渡すのを忘れてた。

タキ　そう。忘れられてた。

まさし　それで、直前に気がついてあわてて、「タキ姐、じつはこれこれこういうのがあるんだけど」と言ったら、「あなた、チケットが売れてなくて、困って私のこと最後に思い出したんでしょう」って言われたの。

タキ　（笑）

まさし　「いや、タキ姐、それは違うって。ちゃんと取ってあったんだけど、僕がお声がけを忘れていただけだから」と言い訳をしたんだけど、なんか気持ちいいよね、そういうふうにスパッと言われると。

タキ　（笑）

まさし　「あなた、チケットが売れなくて困って悩んだ挙げ句、私のこと思い出したんでしょう」って言われたときに、笑っちゃってね（笑）。そうか、まあ、そうだよなって思って、それからはできるだけ早く連絡するようにして（笑）。

タキ　そうそう（笑）。その後は早く連絡が来るようになった。

まさし　ところが、早めに言うと忘れちゃうんだよね。

タキ　そうなのよ（笑）。

まさし　6月頃に「タキ姐、11月の」って言うと、今度は「もっと近くなってから言って」と言われて。

タキ　そうだっけ（笑）。

まさし　タキ姐は、人を傷つけようと思って話してないし、嫌味でもないんだよね。パッと思いついたことを言ってんだけど（笑）、それが何ていうのかな、たぶん、まあ、ＴＰＯって言葉はすごく難しいけども、誰に話すか、どういうタイミングで話すか、どういうふうに言うかっていうのが、じつにうまいんだね。

タキ　でも計算はまったくしていない。本当にそう思っただけだから（笑）。

まさし　そうそう。本当にそう思ったんだよね。

タキ　「売れなくて困って私のこと思い出したんでしょう」

そう（笑）。

まさし　そんなことないって言ったんだけど。まあ本当、大変だった。それからはできるだけ早くご案内するようにしてるんだけど、それでもたまに忘れて1ヵ月ぐらい前になって言うと、「今頃言われてももうスケジュール埋まってるわよ」。

タキ　そりゃそうよ（笑）。

まさし　タキ姐の言葉というのはそういうカラッとした魅力があるね。もちろん、まさしにはこのぐらいのこと言っても大丈夫だろうという感覚で話しているんだと思うけどね。

タキ　さすがにあのときはまさし君も苦笑いしたんだろうなと思ったわ。たくまざるユーモアがはまったのね。

まさし　あのとき吹き出したね。

タキ　でもあのときのコンサートはじつに素晴らしかったわ。60人のアーティストが出てきて。

まさし　あれは自分でも今までのイベントの中でやっぱり最高に面白かったですね。

タキ　いや、あれはすごかった。

まさし　午後4時開演にしたのはね、おそらく4時間はかかるだろうと見込んで、午後4時に始めれば8時には終わるだろうと。そうすると「さいたまスーパーアリーナ」で大宮からだったら東北の人も当日帰れるという見込みだった。

タキ　還暦の特別なコンサートだから全国からファンの方がいらしたでしょうね。

まさし　60歳だから。そうしたら、ラストのアンコールゲストにお願いしていた加山雄三さんは12時20分に楽屋にお入りになったんです。まあ4時から始まるなら普通の時間ですよね。ところが実際に出演された時間は夜の10時過ぎでした。

タキ　まあ!?

まさし　そのときに、フジテレビのCS放送が中継で5時間の枠を取ってくれてたんです。さすがに5時間あったら終わるだろうと。そうしたら、たまたまアリーナにフジテレビの偉い人が遊びに来てくれてて、「おい、これ終わんないぞ。後ろの番組飛ばせ」と指令を出して、結局、終演まで中継してくれたということもありました。あのときは面白かった。

エレガンスの秘訣

まさし　僕がいつもタキ姐に聞きたいなと思ってるのは、タキ姐ってエレガントなのね。

タキ　そう？　ありがとう。

まさし　だから、僕ら簡単に言うけど、エレガンスっていう言葉ってとても難しくて。単に品がいいだとか、綺麗だとか、小綺麗にしてるだとか、教養があるとか、そういうことだけではない何か。じつはそこを聞こうと思ってたの。

　でも、最近、それは哲学なんだと腑に落ちた瞬間に、その哲学をどこに持っていくかというのは、じつは人間にとって重要なテーマなんだってことを僕は今教わりつつあるんですけどね。

　例えば、ひと頃流行った「品格」という言葉があるじゃないですか。人としての品格というのはタキ姐はどういうものだと思いますか。

タキ　その人が自分の信じる道を歩んできた、それこそが品格として出てくるものだと思う。昔、投資ファンド関連の人が事件を起こしてメディアで叩かれたときがあったでしょ。あのとき名前は忘れてしまったけど、関連して逮捕された人がいて、その人も叩かれていた。その人の母親がカメラの前で「息子さんが逮捕されましたけど」とマイクを向けられて、その方、シワシワで真っ黒の手をしているんだけど、背筋がちゃんと伸びていて、「私は息子を信じてます。息子は世の中に対して悪いことしたかもしれないけれども、私の知ってる息子はそうじゃない。私は息子を信じてます」と言い切ったの。
　なんたる品格だろうと思ったの、そのとき。

まさし　やっぱり哲学なんだろうね。
　僕が印象に残っているのは、もう20年以上前かな、韓国人の青年と日本人の男性が線路に落ちた人を助けようとして、結局自分たちも亡くなったという事故があって。

タキ　あったわね。

まさし　そのとき、日本人の男性のお母さんが、「助けられたならともかく、助けられずに死んだうちの子は犬死にです」とおっしゃった。僕はそれがものすごく胸に残った。
　人の品格っていろいろなところに表れるけれども、そうした言葉を聞くと、すごいなぁ、いろいろなところにすごい人が生きてるなといつも感じるんですよ。
　だけど、それはエレガントとはちょっと違う。その言葉にはすごい品格を感じるんですよ。「助けられたならともかく助けられなかったから、それじゃ犬死にです」と訴えるお母さんのその品格、素晴らしいと思う。だけど、エレガントとは違うのね。

タキ　そうだわね。

まさし　だから、タキ姐に聞くのが一番早いかなと思って。

タキ　そうね、ひとつ言えるのは、心身ともに背筋が伸びているかどうかかな。背筋がシャンとしてる人。日本語だと「凛としている」という言葉かな。それだけで優雅に見える。どんなに綺麗な方でも、ダラッとしていたら美しくない。

それで、身体のほうの「背筋を伸ばす」ときのポイントなんだけれど、頭のてっぺんから釣り糸で吊られてる感じをイメージする。これはバレエをはじめとする舞踊の基本なんだけどね。

まさし　それはいつ頃から意識しているの？

タキ　小学1年生から中学3年生まで日本舞踊を学んでいたから、そうした場では意識していたけれど、日常生活で意識するようになったのは、やはり仕事を始めてから。

別に家でテレビを観ているときに背筋を伸ばして観ているわけではないけれど、外に出て、人前に出たとき、歩いてるとき、駅のホームで電車の到着を待っているとき、こういうところでは意識しているわね。地下鉄とかに乗っているときも、窓に自分の姿が映って「あっ、まずい」と思うときもあるわね。

まさし　やはり、格好から入るのは大事かもしれない。僕は、何でも格好から入るタイプだからね。スキーもテニスもゴルフも。

タキ　ウェアから入るの？（笑）

まさし　ウェアとか道具から入っちゃうタイプなの。でも見た目というのは大事だね。だけどね、高い豪華な服を着ていて、高級なものを召し上がっていて、すごいお金もあって、すごい綺麗にしておられるけど、全然エレガントじゃない人だっていっぱいいいるよ。

タキ　たしかに。

まさし　そんな人のほうが多いよ、むしろ。でも本人はエレガントだと思ってらっしゃるのね。

タキ　やっぱり本質的な生きる姿勢かな？

まさし　そうか、本質的な姿勢はごまかせないものね。そして見せかけの人のほうが攻撃的だよね。自分を見破られないように（笑）。

タキ　ガードもバッチリ。

まさし　ＳＮＳに氾濫している言葉を見てても、自分の弱みを守るために人を攻撃するような言葉が多過ぎるから。

タキ　そうね。そういう意味じゃ怖い世の中になっちゃったわね……。

まさし　エレガンスというのは、じつはそういう言葉の端々にもうあるんじゃないかと思うんですよね。僕はエレガンスをある種の教養だと思ってるし、教養というのは、知識を応用する力のことを言うんだと思ってるから。

タキ　教養とは本質を見抜く力だと思うの。そして知識を応用していく力でもある。応用力って大事よね。

まさし　だから、例えば今は、テレビを見てても知識のある人を頭がいいって言うんですよ。

タキ　うん。

まさし　知恵じゃないんですよ。知識があるだけで頭がいいって評価されるのね。例えば雑学に詳しいとかクイズに全問正解だとかね、それはもちろん頭の働きは素晴らしくよいことだから間違いではないんだろうけど、それと教養とはまた異質なものだと思っていて、それが応用できるかできないかを見ていると、案外知識が豊かでも応用できてない人が多いんですよね。おばあちゃんの知恵袋みたいなものを日常の中でポッと使える人が今、減ってると思うのね。それは何が原因なんだろう。社会が原因なんだろうか。家庭教育なんだろうか。

タキ　やはりまずは家庭教育なんだろうけれども、そこがなかなか難しい時代になってきちゃったからね。そうすると原因は学校にもあるし、社会にもあるし。でも、結局は、どんな野に放たれても、自分がどうしたいか、だと思う。

それともう一つ大切だと思うのは、エレガンスを求めたり品格を求めたりしたいと思っている人は、最初はよくわからなくても、自分を磨くために展覧会や美術館に行って本物をよく観ておくこと。本物を観たり聴いたりしておくことは、すぐには役に立たなくても、心の栄養となって必ず後年役に立つから。

尊敬できる人が身近にいるというだけでＯＫ

まさし　僕はね、タキ姐の話聞いてて思うのは、自分の身近な存在、例えばそれこそタキ姐の場合にはシヅエ先生というお母さんがおいでになったことが大きいと思う。

お母さん、あるいはお父さんなど、身近な人を尊敬できるというだけで、僕は家庭教育ＯＫな気がする。もちろんそれはおじいちゃんやおばあちゃんでも

タキ　いい。僕はおばあちゃんをすごく尊敬してたから。
でも、それが身近な血のつながったおじいちゃん、おばあちゃん、両親じゃなくても、隣近所の方でもいいし、学校や幼稚園の先生でもいいし、保育園の保育士さんでもいいし、誰でもいいの。自分が「この人いいなあ」と思って、まず憧れから入っていって、「優しくしてもらってすごく嬉しかった、自分はハッピーだった」と思ったら、「何かこの人に応えられるような自分になっていこう」というふうに思うかどうかで変わってくるんじゃないかな。

まさし　わかる！　僕にとってそれは20代半ばぐらいのときに出会った今里広記さんかな。

タキ　ああ、日本精工の会長だった方。

まさし　そうです。その今里広記さん、長崎の人なんです。県人会で僕と出会ってから、すごくかわいがってくださって。最初に会ったときに、「君はね、偉大な人に会わなきゃダメだよ」と言われたの。「偉大な人、はい、お会いしたいですが、どのようにしたら会えますでしょうか」「僕が会わせるから、呼んだらおいで」と言われて、次々とまた偉大な人に会わされて、それが全部ジジイなの。

タキ　（笑）

まさし　こんなジジイの相手すんのかと思いながら、僕まだ20代半ば過ぎだから。山本健吉先生もそうだし、蘆原英了《あしはらえいりょう》先生もそうだし、谷川徹三先生にも会わせてもらった。最初、谷川先生に会ったときに、顔がわからなかったので、「あのカッコいいジジイ誰？」と訊いたら、「お前、谷川先生を知らないのか」「谷川、誰？」「谷川徹三だ」「えっ、谷川徹三ってまだ生きてたの？」と言ったぐらいだから。

タキ　財界、文学、哲学、評論……。各界の錚々《そうそう》たる面々！

まさし　その後も川口松太郎先生と、すき焼きをご一緒したりね。そうした人たち、みんなカッコいいんですよ、男としてカッコいい。山本健吉先生も長崎の人だから、息子のように僕をかわいがってくれて。それから、森敦先生なんかも長崎出身で、あの人はサシ飲みが好きなんで、小さいこたつを囲んで酒を差しつ差されつするのが好きな人だから、いろいろな話を何度も飲みながらさせていただいた。「こんなジジイになれたらいいな」って人がいるだけで、悩みが消えたのね。

タキ姐に憧れてる若い女性もいっぱいいると思う。だからもっと、タキ姐に話しかけるといいね。タキ姐はどんどんセミナーやんなきゃダメだね。

タキ　取材を受けるでしょ。最後は必ずと言っていいほど、その取材でいらした方の個人相談に乗ってるの。

まさし　そうでしょう。そうなると思う。

タキ　うん、なぜかそういう話になっちゃう。

まさし　そうしたとき、タキ姐はどんな話をするの？

タキ　結婚、子育てと仕事、職場の人間関係、いじめ、いろいろと細かい相談事はあるから、ここでは話しきれないけれど、共通して言えるのは、言い古された言葉ではあるけれど、「人生、山もあれば谷もある。山ばっかりじゃないし、谷ばっかりでもないよ」ということね。

　だから下ばかり向いていると、せっかく登り始めてるかもしれないのに、それがわからないから、やっぱり前を向いていこうってことね。

まさし　後ろも向かない。

タキ　後ろも向かない。後ろを向くときは、自分を省みるときだけ。反省するのには後ろを見なくちゃいけないけれども、そこに囚われるのではなくて、それをステップにして、次に登っていく。悪いときもあれば良いときも必ずあるとい

まさし　う、それはやっぱり信じないと。
「加藤タキと話す会」というのをね、それは会場費があるから、いくらか出しなさいは当然だけど、お茶飲みながら加藤タキと話しましょうって会をどんどんやってほしいね。

このままでは日本という国は100年持たない

まさし　ルーマニアのシオランという哲学者による「祖国とは国語なり」という言葉があって、僕これ好きなんですよ。線を引いて国境を決めるんじゃなくて、その人が何語を喋ってるかを聞きましょう、それがその人の祖国ですよという。これはルーマニアという、あちこちから侵略された国の人らしい言葉だなと思って僕はいつも感動するんだけど。
　今、日本語が不自由な日本人が増えつつあるんですよ。タキ姐、これはどうしたらいい？　日本語が通じないからみんな話しながらイライラしている。自分の言いたいことも伝えられない。

タキ　例えばまさし君がおかしいなと思ったら、「君ね」って言って、ちょっと親身になる時間を作って、「君が言いたいこと、ちゃんと伝わってこないんだけど、伝わっていないってこと自体わかってる？」って、やっぱり聞いてあげたらいいんじゃないの？

まさし　聞いてあげるのはいいんだけど、聞いてあげても要領を得ない子が多過ぎてね。それで、ある程度大人になってくると自分に自信を持ってるから、自分の価値観を絶対曲げない。こんなとき、自分は無力だなと思うし、自分の日本語力もまだまだだと思うね。

タキ　まさし君の日本語力は超一流ですよ〜。ただ、人を変えようと思わないで、そんなときは自分がやっぱり変わるしかない。

まさし　自分が変わるしかないんだねぇ。

タキ　妥協するっていうふうに変わるのか、やっぱり説得しようとするのか、それは今の状況のためだけじゃなくて、その人の将来だったり。だから、どこまで自分がその人に関わりたいかでしょうね、やっぱり。関わりたくなければ、ほっときゃいいんじゃない？

まさし　でも、関わりたくなきゃ関わらなくていいって状況がね、タキ姐、この日本を作ってきちゃったんじゃない？

タキ　うん、たしかに……ね。

まさし　だから、ある種の一部の本当に芯を持ってこの国を憂えてる人、哲学的でもなく宗教的でもなく思想的でもなく、純粋にこの国のことを憂えてる人がほんのわずかいてね、その人たちが今、拠り所がなくて困ってる。じつはね、精神的には日本は今後100年持たない状況。

タキ　うん、精神的に貧しいよね。文学を読まなくなって、言葉が省略されて。

まさし　はい。だから、おそらくこのままでは日本という国は100年持たないでしょう。中国のトップが「日本はあと100年持たない」と言ったの。そのときはカチンと来たけど、冷静に考えれば本当にそうだなって僕は最近感じるようになってきた。僕なんかの力ではそれは止められないんだけれども、どこにどう働きかけたら、どう動くんだろうね。

使命感

まさし　僕らもう老人じゃないですか。老人の力って、本来もっともっと大きくなきゃいけないと思っているんです。老人の言葉が届かない社会は誤った社会だと思っている。

ネイティブ・アメリカンのイロコイ族では、悩んだら最長老の老婆に相談するというのがルールだったんだって。若い衆が相談をして、最長老の老婆に相談しに行く。そしたら、老婆が悲しそうな顔をしたら、その件は持ち帰る。嬉しそうな顔をしたら、その件は通るっていうやり方をやってたっていうのを本で読んでね。日本の最長老の老婆という人が悲しそうな顔をしたときにはやめようって言える社会じゃないでしょ？

タキ そう、高齢者を単なる弱者と見なして、長老を敬う心が薄れている。でも、嘆くばかりでも仕方ない。

まさし もちろん年寄りの責任もあるよね。

タキ 老害と言われるような年寄りはたしかにいる。とは言え、年齢を問わず〝老害〟的な存在の人はたくさんいるけれど。

まさし タキ姐は団塊の世代じゃないでしょう？　その前。

タキ 1945年生まれだから二つ前。

まさし 僕は1952年生まれだから団塊の世代のちょっとあとなの。タキ姐と僕はちょうど団塊の世代を挟んでんのね。

タキ　そうそう。
まさし　その団塊の世代が、今の日本の老後の正体なんですよ。
タキ　うん、圧倒的多数ね。
まさし　だから、僕は泉谷しげるさんとか谷村新司さんによく責任取れって言うんだけどね。「ちゃんと責任取ってくれ」。すると彼らは「お前も仲間じゃないか」。「僕はつながってるけど、後輩だから」と言い訳するんだけど。老人力というものがこの国から消え去るっていうのは文化の喪失だなと思う。
タキ　けれど、憂えてばかりいられないよね。
まさし　そう。「で、どうする？」というのがタキ姐への相談なの。
　どうする、老人。老いの重みって何？
タキ　これは母が語っていたことなんだけど、本当に老いるとね、その重みに耐えられるだけのものを持っているかどうか。それは使命感だと一言いわれた。
まさし　使命感。
タキ　使命感だと。自分ができることを遂行する。
まさし　何をしたいかが大事だってこと？
タキ　そう。

まさし　うわー。何をしたいかがわからない人にはダメじゃん。

タキ　それはいつでも見つけられるって。まず見つける気持ちを持ちなさい。

まさし　見つける気持ちを持つ。

タキ　うん。だから、自分は誰の役に立ちたいの？　どうやってこれから生きていたいの？「孤独になるばっかりで誰も私のほうを見てくれないし」じゃなくて、お料理が好きな人は、ずーっとお料理をいろんな人にふるまって食べてもらうのも使命の一つだし、できることを何でもやる。ささやかでも有料にすることも大事かも。

その人にとっての、「生きがい」というやさしい言葉もあるし、「使命感」という哲学的な言葉もあるけれども、とにかく何かをやって、何かを感じる。そのためにはどうしたらいいか。やっぱり人の話を機会あるごとに聞く姿勢がいくつになっても大切なんじゃないかな。

喜怒哀楽すべてが感動

まさし　なるほど。僕は今、タキ姐のお父さんの加藤勘十さんの「学んで老いず」という言葉が浮かんだ。

それと例えば迷ってる人に「見つけられる。まず見つける気持ちを持ちなさい」と今タキ姐が言った言葉は、シヅエ先生の「梅花、春に魁《さきが》けて咲く」でしょう。やっぱり二人の子どもなんだね、タキ姐は。

タキ そうね。もう一つ、母の言葉で私はもう大好きで自分の肝に銘じて言っているし、人にも伝えたい言葉の一つが、「日常のささやかな営みの中に、心に深く染み入る感動がある。感動とは、素敵なもの、いいものに出合ったときだけが感動じゃない。喜怒哀楽すべてが感動なんです」。

まさし **怒も感動なんだ。**

タキ **怒も感動だし、哀も感動。**

母が103歳の誕生会のときに、なんか怒り狂ってるの。「どうしたの?」と訊いたら、母が「私の母」――つまり私の祖母ね、「母の三十七回忌を長女の私に相談なしにみんなが決めていた。あり得ない」と言ってね、103のときに介護施設にいる母が言ったのよ。

「今日はおばあさま(シヅエさん)の誕生会だから、そんな怒らないで」「でも私は解《げ》せないんです」ってプリプリ。「でも、今は誕生会でみんな集まってる。あとで話しましょう」と収まったはずだった。ところが母は、会の冒頭で自らその話をしたの。

そう言えば喜怒哀楽すべてが感動だって母が言ってたっけって思い出して。

まさし 以前は社会的な怒りによく吠えていましたから。

タキ 怒るってことも大事なのね。

「一日10回感動しましょう」って母は言っててエッセイにもいっぱい書いたの。その10回の中には喜怒哀楽が入ってる。要するに心を揺さぶることが大事なんだと。

まさし 心が動かないとダメね。

タキ 前に進めないよって。

まさし ああ、そうか。心が動かないときにはどうしたらいいの？

タキ そういうときは待つの。

まさし 待つ？

タキ 必ず動く瞬間があるから。

まさし 必ずある？

タキ 必ずある。

まさし　それを感じられる自分を作るのか。

タキ　それを安直な言葉で言うと、「アンテナを磨きましょう」とかになっちゃうけど、結論的に言えば、結局「私はどう死にたいのか、そのためにこれからどう生きていくのか」だと思うのよ。

まさし　なるほど。

タキ　例えばね、ハッピーでありたいじゃない。笑顔でありたいじゃない。笑顔がないところに人は寄ってこない。だったら笑顔にしましょうよ。作り笑いでもいいから、鏡の前で練習しましょうよ。鏡見て笑うの。笑顔作るの。

まさし　笑ってなきゃダメ。

タキ　うん。

まさし　でも社会って笑っていられないんだよね。

タキ　だったら、怒りだっていいじゃない。

まさし　怒りでもいいのか。うん。

タキ　「悔しい！」って泣いたっていいじゃない。

まさし　それも感動の一つなんだ。

タキ　そう。で、一日10回感動。「ああ、今日は10回感動した。明日はどんな感動があるかしら」って考えると、自分が多少なりとも愉快になってくるんじゃないかな。

まさし　客観的な自分がもう一人いるってことね。

タキ　そう。

まさし　もう一人の自分がいて、自分を見てるっていうことが大事なのね。

タキ　そうなの。そしてそれは訓練でできる。

まさし　俯瞰の自分ね。ああ、わかる、わかる。それは僕もときどきある。

人によく思われたいと考えてない

タキ　私、たぶん自分のことを合理的な人間だと思ってる。

まさし　合理的なのね。

タキ　うん。だから、要る要らないも見分けるのが速いの。

まさし　あとで後悔することもあるでしょ？

タキ　うーん、じつはあんまりない。それは人に気に入られたくてやってるんじゃないからだと思う。自分がどうしたいかで決めてるから、あまり後悔しない。

まさし　そういうことか。

タキ　気に入られたいと思ってやってると、「あ、あのとき、ああ言われたな。ああしとけばよかった」ってなっちゃうと思う。

まさし　そうか、「気に入られたい」は、自分を狭めるんだ。

タキ　だって私、人によく思われたいと思ってないもん。

まさし　人によく思われたいと思ってない？

タキ　傲慢に聞こえたら本意じゃないけれども、大事なのは他人がじゃなくて、私がどう感じるのかだから。だから、自分が誠実でさえいれば、人にどう思われても気にならない。

まさし　すごいね、それ。どうにか好かれたいと思ってるよ、普通の人は。

タキ　これは仕事で教えられたことでもある。

　私、21歳で『タイム・ライフ』誌東京支局編集部で働き始めたのがすごくよかったと思う。アメリカ社会でしょ？　外国人だから、主張しなくてはならないわけですよ。ただ「Yes, sir」じゃなくて、「わかりました」と言われたことだけをやるんじゃなくて、自分で考えて自分で提案していかなくちゃならない、そういう立場。リサーチャーで秘書なんだけども。

働き始めた頃に多忙な経済人の取材のアポイントメントを取る仕事があったの。支局長に命じられたので、さっそくその経済人の秘書に電話をして『タイム・ライフ』の者ですが、こういうことでインタビューを申し込みたい」と言ったら、「あ、申し訳ないけど、うちの社長は大変忙しいから、ちょっと今は時間作れません」と、けんもほろろにプツンと切られちゃって。

だから私は、支局長に「取れませんでした」と報告に行った。そうしたら今でもよく憶えているんだけど、彼はタイプライターをカタカタカタカタやりながら顔も上げないで、「僕は君に何をお願いした？」と言うから、「○○氏とのアポイントメントを取るようにと言われました。で、取れなかったんです」と言ったら、また「僕は君に何をお願いした？」「アポイントメントを取るように言われました」「取るまで戻ってくるな」。

「何なの、このボス」と思ったんだけど、たしかに私、充分に誠意は尽くしてないわけよね。

ただ言われたことをやってみたらダメでしたというだけ。

で、しようがないから自分で考えて、特派員のいろんな方たちに、この人物とのアポ取るように言われたのだけど先方が全然取り合ってくださらず、どうしたらいいかと相談したら、「ああ、彼、難しいからな。でも、毎週何曜日の朝7時に、ホテルオークラだったと思うけれど、朝食会を必ずやってるから、そこに行ってみたら」とのアドバイス。

それで行ったの。そうしたら、「あなた、どなた?」と秘書に言われて、「先日お電話した『タイム・ライフ』の者です」「だから、忙しくて取材受けられないってお断りしてるでしょ」「そこをなんとか」「いやいや、もう全然時間ありませんから。はいはい、お帰りになって」とそういう感じ。

それでも、また次の週、また次の週と、しつこく行ったの。そうしたらご本人が「あなたはいつもその辺をウロウロしてらっしゃるけど、どなた?」と言って、秘書が「この方、取材を申し込まれた『タイム・ライフ』の方なんですけど、とてもじゃないけれど時間が取れないからお断りしているんです」。するとその経済人が「いやいや、だけど、熱心だねぇ」とおっしゃるから、「はい。私はお約束をいただくまで帰れないんです」。すると経済人の方が秘書に、「君、なんとかしてあげなさいよ」と言ってくださったんです。

それでようやく支局長に「アポ取れました」と報告したら、当たり前の顔して、「OK, thank you」ってそれだけだった。「よくやった」とか、そういうのいっさいないの。

何だこれ、と正直思ったけれど。言われたことだけやっていたらダメなんだ、言われたこととは「アポを取れ」という命令だったから、それを遂行するまでは帰れないんだっていうことがわかった。

だから、私はいつも誠実でありたいと思ってるんだけど、それはそのときの経験から思ってる。自分で精一杯の真心を込めて仕事に臨む。で、自分が一生懸命やってるんだから、それを気に入られようと気に入られまいと、その先は関係ないとなるわけ。それがそのあとの私の仕事のスタンスになったのはたしかかね。

まさし　その支局長もすごいけど、タキ姐もすごい（笑）。

「いつでもあなた自身でありなさい」

タキ　それともう一つ、すごく憶えているのは、これは母が教えてくれたの。34歳の頃、私が初めて講演の仕事をするときに、全部自分で原稿を書いて、何度も何度もリハーサルをしてテープレコーダーに入れて、それを車を運転しながら聞いた。何か難しいことを話すわけじゃなくて、自分のことを喋るんだから、内容なんて百も承知なんだけど、何度も練習して、全部頭の中に暗記して入れた。それで、いざ講演に行こうとしたときに、母に「あなたはあなただからね」って言われて、「え、どういう意味？」と訊いたら、「あなたは今日初めての講演だからね、きっとうまくやりたい、うまく喋りたい、気に入ってもらいたい、拍手をちゃんとしていただきたい、そう思ってるでしょ？　その瞬間、あなたはあなたじゃないわよ」って。

まさし　カッコいい。

タキ　「万が一言葉が詰まったり、ここで笑ってくれると思ったところで笑ってもらえなかったりしても、それはそのときのあなたでしかないんだから、そこから何を学ぶかが重要なの。Always be yourself」って言われた。いつでもあなた自身でありなさいって。

まさし　加藤シヅエの加藤シヅエたるゆえんが伝わってくるね。筋が通ってる。

タキ　私、ハッと思ったの。あ、そうか、うまく喋ろうと思った瞬間、私じゃなくなる。気に入ってもらおうと思った瞬間、私じゃなくなる。だから、相手がソフィア・ローレンさんでもオードリー・ヘプバーンさんでもマレーネ・ディートトリッヒさんでも、つわもののエージェントでも弁護士でも、20代の小娘が渡り合えてきたのは、相手に気に入ってもらおうと思っていなかったからなの。一つの目標に向かって真心をもってベストを考え、最大限できることをやる。そうだった、私は21歳のときに留学から帰ってきて仕事を始めてから、ずっとこの心構えでやってきたんだって思い出したの。

まさし　すごいね。僕が20代、30代の頃は、みんなに好かれたいと思ってましたよ。僕、ようやく50過ぎてからですよ、嫌われても当然だなと思うようになったのは。今はもう好き嫌いで傷つかなくなったけれど。

年寄りが最高の目標という環境にいる人は幸せ

まさし　先ほども話したけれど、僕、若い頃、いろいろとすごいじいさんとの出会いに恵まれてきたじゃないですか。シャンソン・舞踊研究家の蘆原英了先生に最初にお目にかかったとき、「この子はさだまさしといってね」って今里広記さんが僕を紹介してくれたんです。すると僕のところに膝詰めでササッと来てね、僕の手を取って、『フレディもしくは三教街』という歌は、あなたが作ったんだってね！」と言うの。「あっ、はい」と言ったら、「僕はね、あれはシャンソンだと思ってた。いい歌書いたね！」と言ってくださった。

タキ　僕はもう震えるほど感動した。なんでこの人がそんな歌を知ってるんだろうと思った。そういう、おだてられる、褒められるってことは、人間やる気が出ますよね。そういうじいさんたちを今度、客観的にどんな人かを見つめる自分というのが出てきたときに、こんなジジイになるためには途轍もない苦労が必要だってことに20代半ばで気づいたね。

まさし　その苦労というのは、言いたいことも痛みもたくさんある、これから経験していくことに対する覚悟ができたってことだわよね。

タキ　それで、一人ひとりが突出した山の頂にいる人たちでしょ？

まさし　うん、じつに〜。

タキ　僕自身はそんなに高い山は作れなくても、何か一つの山の頂に到達するには、こんなすごい人たちを目標にやっていかないとダメだなって思ったなぁ。

まさし　だから、目標を高く持つって大事なのよね。すごく大事。

タキ　そうか、目標ね。やっぱり年寄りが最高の目標であるという環境にいる人は幸せかもね。

タキ　今の言葉で言うと、ロールモデルがいっぱいいたわけよ。
まさし　ロールモデルね、そうだね、本当にそう。
タキ　こういうふうになりたいと思ったわけで、「こういうおじいさんになりたい」。
まさし　なれないけどね。
タキ　まだ、だってまだおじいさんじゃないから。
まさし　いや、もうすっかりじいさんなんだけど。
タキ　いやいや、あと10年先ね。
まさし　ああ、まだなのね、ちょっとヤバいな。
タキ　（笑）
まさし　まだちょっと苦労足りませんね。だけど、本当に彼らを見ていると、みんな自分の世界を持ってそこで淡々としてるんですよ。
タキ　そうなのよ。そこは共通しているわね。そういう方たち、本当に「淡々としている」。
まさし　そうでしょう。ひけらかさないし、威張らない。
タキ　だって、威張る必要ないんだもん。
まさし　で、聞かれたら答える。

タキ　そうそう。

まさし　その答え方が尋常じゃない。

タキ　そう。もう洒脱で。

まさし　何でも答えてくれる。

タキ　もったいぶらないもんね。

まさし　もったいぶらない。

僕は谷川徹三先生に対しては、本当に残念だったのは、もっと賢治の話を聞いておけばよかった。宮沢賢治のことを谷川徹三が書かなかったら、賢治はあれほど伝説にはなってないから。賢治を神格化させたのは谷川徹三の力だと思うんで。僕、息子の俊太郎先生とはね、一度お仕事をさせていただいたことがあるけど、なかなか徹三先生には「先生、飲みましょう」と言うわけにいかないし、今里先生に言うと、「ああ、今度ね」って言うけど、「いや、なんか身体が」という年齢に入ってこられると、なかなかせっついてお話を伺うことができなかったのがすごく心残りでね。

タキ　息子さんの谷川俊太郎さんって今おいくつぐらい？

まさし　今90を超えたくらいかな。

タキ　今、「お会いしたい」とお願いしたらいい。

まさし　僕は偉大な人にいっぱい会ってるのにね、こういうときダメなんだよな、やっぱり。田舎者でしょ？　都会にいるだけでビビってるやつだから、有名人と会うだけでもう頭クラクラしてくるの。

タキ　（笑）

まさし　遠藤周作さんが、「お前、小説書け」って僕に言うわけ。「先生、書けるわけないじゃないですか」と言ったら、「いや、書ける。お前の歌はね、短編小説になってるから書けるんだ。書いて持ってこい」と言われたけど、僕は遠藤周作に自分の書いた小説を見せに行けるほど図々しくなかった。

タキ　じゃ、亡くなられたあとに書き始めたんだ。

まさし　もちろんそうです。
　後悔と言えばこんなこともありました。清春芸術村のオープンのときにお招きいただいたんです。で、行ったらなんか目つきの悪いジジイがね、「おい、ちょっと来い」って僕に言うの。で行ったら、「お前、さだまさしだろ」「はい、さだまさしです」「俺はお前が嫌いだ」っていきなり言われて。「あ、すみません」。誰かと思ったら安岡章太郎先生なわけね。

あ、安岡章太郎だと思って。「お前、さだまさしだな」「はい、さだまさしです」「俺はお前が嫌いだ」「先生、何か私が気に障ることでもいたしましたでしょうか。幾重にもお詫びいたします」と言ったら、「お前は井伏鱒二の『厄除け詩集』の『つくだ煮の小魚』を読んだか」と言われて、「何ですか、それは？」「だから、俺はお前が嫌いだ」。

タキ　（笑）

まさし　『つくだ煮の小魚』を知らんのか」「何をおっしゃってるかまったく理解できません」「井伏鱒二の『厄除け詩集』を読んだことはないのか！」「ありません」「だから、俺はお前が嫌いだ。いいか、『つくだ煮の小魚』はな、あれがさだまさしなんだ」「先生のおっしゃっていることの辻褄が合わないんですけど、その『つくだ煮の小魚』がさだまさしとはどういう意味でしょうか」「読めば分かる。今、井伏先生が隣の棟にいるから来い」って僕、手引っ張られて井伏先生のとこ連れて行かれて。
　で、井伏先生の話が落ち着くのを待って、安岡先生が井伏先生に、「先生、こいつは、さだまさしってケチな歌手でね、僕が今かわいがってんですよ」と、全然さっきと言うことが違う。で、「こいつが先生の『つくだ煮の小魚』

が大好きで、どうしても歌を作りたいと言うんですけど、先生、ご許可いただけますね」。何言ってんだ、このじいさんはと思った。

タキ　安岡章太郎さんがおっしゃったのね。

まさし　そうなんです。それで、井伏先生はああいう方だから、もうニコニコしながら、「ああ、もうどうぞどうぞ」とおっしゃる。「ほら、お前、ご許可いただいたんだ。頭下げろ」って。

タキ　もう落語仕立ての展開！　重鎮お二人にかわいがられた。才能が認められたということね。

まさし　「ありがとうございますって言うんだ」「ありがとうございます」と言ったら、「ああ、もう頑張って」と井伏先生には言われた。
　で、安岡先生が、「おい、戻るぞ」と言って、さっきのところに戻って、「注《つ》げ」と言われて二人で酒を飲み始めて。「というわけだから、お前読めば、『つくだ煮の小魚』がさだまさしだという俺の気持ちがわかるから。あれに曲を書かなければ、お前はさだまさしじゃない」「先生のおっしゃることに理解できない点が多々あるんですが」「いや、とにかく読め」と言って。で、読んだけど、あまりにも素晴らしくて、メロディーなんかつかない。20年以上つかなかったかな。それで、ようやく『つくだ煮の小魚』にメロディーをつけたときには、井伏先生はとうに亡くなっていた。

井伏先生とはその後、新潮社のカセットブックで『厄除け詩集』を読ませていただいたことがあって、そのときに、付録で対談をしようということで荻窪の先生のところまで伺いました。そしたら、井伏先生がすごい喜んでくださって、「こんな日は飲まなきゃダメだ」とか言いだして。「いや、先生、まだ午後3時になったかならないかですよ」「3時だろうが2時だろうが、飲まなきゃいけない日は飲まなきゃダメだ」と言って、ロイヤルサルートか何かの封を切って、ロックグラスを編集者とね、僕の前、マネージャーの前にも置いてね、ガバッと注ぐのね。

タキ ドボドボドボ。

まさし きっと同じようなことを……太宰治とか、檀一雄とかにもこうやって、ここで注いだのかなと思うと震えが来るわけ。もうすごい感動して。先生ピッチが速くて。僕が1杯飲むうちに2杯飲む。僕もけっこうペース上げたんだけどね。「先生、現役ですね」と言ったら、「え？　僕、現役？」そのとき90歳。「立派な現役じゃありませんか」「いやぁ、現役ってのはいい言葉だねぇ」って言いながらね、ニコニコして、「現役、現役」って言いながら飲んでて。それっきり僕は井伏先生にお目にかかってないんだけど、安岡先生に言われた『つくだ煮の小魚』を作って安岡先生に聞いていただこうと思ったら、もう間に合わなかったのね。

タキ　安岡先生も……。

まさし　いや、まだご存命でいらしたんだけど、残念ながら、もう、あの……。判断の部分で。

タキ　ええ。無理だろうとご家族がおっしゃって。もう本当に残念だったんですけどね。

まさし　安岡先生には、「『三田文学』に載せてやるから小説書いて持ってこい」って言われていたんだけれども、恥ずかしくて恥ずかしくて、そんなこと絶対できないって。

タキ　だから、『勇気凜凜』も母が亡くなったあとにできた。「作る作る、作りたい、『関白宣言』の返歌を作りたい作りたい」ってさんざん聞かされて、母も楽しみにしてたんだけど、やっぱり間に合わなかったわね。

僕はもったいない人生を送ってきたかも

まさし　僕は、要するにね、緊張すると足が遅くなるんですよ。『風に立つライオン』だって15年かかったんだもん。作ろうと思ってから。

タキ　えー、そうなんだ。

まさし　『関白宣言』は3日でできたんだけどね。

タキ　あらま。

まさし　だから、本当に何かこの人の歌を書きたいと思ってパッとできるのはね、あんまりその人自身を知らない場合なんです。例えば写真家の星野道夫さん、僕、同い年なんだけど、事故で亡くなった星野道夫さんの歌（『白夜の黄昏の光』）を書いたんですよ。それはすぐできた。僕が勝手にファンだったから作っただけだから。

タキ　アフガニスタンで亡くなられた中村哲先生の歌もあったわね。

まさし　そうなんです。中村哲先生にも僕、お目にかかってない。ナガサキピースミュージアムの運動をやってるときに講演会をお願いしたら来てくださったんです。でも、僕は別の仕事でそのときに現場にいなかったので、哲先生とは直接お目にかかってないんです。亡くなったときは本当にショックでした。で、追悼の歌（『ひと粒の麦～Ｍｏｍｅｎｔ～』）はすぐ作りました。

だけど、本当に知ってる人の歌を書きたいとなると時間がかかるのね。それでいて大した歌ができないね。

タキ　いや、そんなことはないわよ。

まさし　いや、本当に。そういう意味ではもったいない人生ですよ、僕は。

タキ　でもやっぱり残念よ。母に『勇気凛凛』は聞かせたかった。

まさし　うん、そうね。でも、聞いていただいても「よくやった」とは言われないだろうね、あの歌は。まだもうちょい、深みがない。

タキ　そうかな（笑）。

まさし　「まだまだだね」って言われていたと思う。

タキ　まあでも、それもいいじゃない、発展途上で先があるってことだから。

まさし　『関白宣言』だって、うちの母、パーッと読んで、「まだまだだね」って言いましたからね。「関白ってこんなもんじゃないよ。もっとひどいもんだよ」。

タキ　なるほど。でも、２０２２年に出した『偶成』はいろいろなことを語ってるよね。

まさし　あ、本当に？

タキ　うん。そういうことも含めて、書いてはいないけども、そういうことを感じさせる。

まさし　でも今はなかなか行間まで読んでくれる人は少ないからね。

遠藤周作先生との思い出

タキ　そう言えば、遠藤周作先生が母をインタビューしてくださったときに、先生がありとあらゆる資料を取り寄せて、その中に私のことがけっこう書いてあった。で、私の本まで取り寄せてくださったそうです。それで、母のインタビューが無事終わったあとで、今度は私をインタビューしたいとおっしゃってくださって、かしこまって伺いました。

まさし　そりゃかしこまりますよ、遠藤先生だもん。

タキ　そう。原宿の指定されたところに伺ったんだけど、本当にいろんなことを詳しく調べられていて。感動して「私、もう今日はまことに光栄でございます。だってこんなに私のことをよく調べてくださって」と言ったら、「当たり前でしょう。今日は僕、インタビュアーだもん」と一言。「当たり前でしょう」。そのときに私、雑誌やらなんやらいろいろなインタビューを受けていて、「お母さまはどういう方だったんですか」とか、「何をなさってらしたんですか」と聞かれると、「え、そこから私が、説明するわけ?」って言いたくなっちゃうじゃない。

まさし　うん、わかる。案外そういう記者多いですよ。

タキ　いるのよー。

まさし　挙げ句の果て、書かれた出身校は違うしね。

タキ　(笑)

まさし　遠藤先生、話も面白いしね。

タキ　本当にねえ。

まさし　あんなに話が面白い人で、あんなに面白い小説書く人めったにないですよね。

「君は同い年ぐらいの音楽仲間に嫌われとるだろう」

まさし　遠藤先生の文学館が長崎にあるのね。晴れた日は五島列島が見える素晴らしいところなのです。僕は何度も友だちを連れて、行ったことがある。
その遠藤先生に会ったときに、「君は同い年ぐらいの音楽仲間に嫌われとるだろう」っていきなり言われたんです。

タキ　えぇー。初対面のときに？

まさし　それが第一声。

タキ　えぇー。

まさし　「先生、よくご存じですね。僕、その人に対して何かしたって記憶がないぐらい付き合いもないのに、なんか嫌われるんですよね。なんか僕はダメなんですかね」と言ったら、「ああ、それは俺もそうだった」とおっしゃった。「え？」と言ったらね、「俺もそうだったんだよ」と言って、しばらく話してるうちに、小さな声で、「おい、やっかみだけは気をつけろ」と言われた。

タキ　それ今、言おうと思ってた。結局やっかみなのね。

まさし　「やっかみだけは気をつけろよ。同性のやっかみぐらい怖いものないぞ。これは内緒な」と言って、一言そうおっしゃったことで、どれだけ僕は救われたか。「あ、俺はもしかしたらやっかまれてるんだろうか」って。思いもしなかったから、それまで。だから、「あ、そうか、それじゃ嫌われるわ。こんだけ目立っちゃ、俺だけ」。それからはできるだけ目立たないようにしとこうとかね。やっぱりほら、好かれたいから。タキ姐と違って。

タキ（笑）

まさし 俺はやっぱりどこか好かれたい気持ちが強いから、いい子ぶりたいタイプだから。

社交ダンスは67歳、シャンソンは75歳から始めた

まさし タキ姐は67からダンスを始めて約10年経ったけど、60代だったから始められたんだと思います。もう70になったら始められないですよ。

タキ そんなことないわよ。67ってほとんど70でしょ。私は75からボイストレーニングとシャンソンとカンツォーネも始めたわけだし。

まさし それにしてもなぜシャンソンを始めたの？

タキ 友人の料理研究家・藤野真紀子さんが銀座のシャンソニエで歌うのを聴いて、素晴らしさにびっくりして。習って2年と聞いて、どんな方が指導なさってい

るのか、と。それが青木ＦＵＫＩ先生で、体験レッスンを受けてすぐ入門。若い頃、ピアノバーで客として好き勝手に英語の歌はよく歌っていたけれど、今はしっかり指導を受けて、声を出して、感情を込めて、演技のように歌う。

まさし　それで75からシャンソンですか。だから、おかしいってそれは。

タキ　ウフフ、75歳でも新しい扉が開いて、もう、歌って踊っての人生。ちょっと自慢話してもいい？

まさし　どうぞ（笑）。

タキ　私が先生の前座で、あるシャンソニエで歌った映像をある方がYouTubeに上げてくれたの。

まさし　シャンソンの先生の前座で歌ったわけね。

タキ　そう。6曲歌ったんだけど。

まさし　前座じゃないじゃん、それ。

タキ　1部と2部で3曲ずつ歌ったんだけど。

まさし　何だよ。それはジョイントコンサートと言うの。

タキ　セルジュ・ゲンズブールの歌を歌ったり、シャルル・アズナヴールの歌を歌ったり。それをある方がYouTubeに4曲上げてくださったの。そしたら、その方からある日メールが来て、「タキさん、アズナヴールの『街角の瞳』、あれだけが視聴回数が急に増えたんですけど、どうしてかと思って調べてみたら、シャルル・アズナヴールの公式フェイスブックページに紹介されてます」って。

まさし　はぁー！

タキ　そのとき、習い始めてまだ2年弱だったの。

まさし　なんてことですか、図々しい（笑）。いやぁ、素晴らしいね。

タキ　フランス語で「シャルル・アズナヴールは全世界の言語で歌われている。例えば日本でも」と紹介されていた。この歌は何人ものプロが歌ってるし、素人もたくさん歌ってる。なのに、習い始めて2年弱の私が公式FBに載っていた。

まさし　だから歌というのは、上手下手じゃないのよ。ハートよ。

タキ　そうなの、そう。特にシャンソンは語りだからね。もちろんボイストレーニングやってるからお腹から声は出してるんだけども。

まさし　アズナヴールが認めたというわけだからね。なんてまあ羨ましい。

タキ　まあ、アズナヴールさんはもう亡くなっているから、アズナヴールの公式サイトを管理している人の目に留まって認められたということね。でもね、いろいろな方が歌ってらっしゃる『街角の瞳』なんだけれども、どの方もみんな綺麗なドレスを着て歌ってらっしゃる。私、イッセイ・ミヤケさんの、肩が全部出てるドレスを着て歌ったのでそれが良かったのかも。だから、そのファッションセンスとかもフランス人の彼らのテイストに合ってたんだと思う。

まさし　タキ姐のルックスが決め手だったのかもね。

タキ　私そのとき、77歳……。

まさし　でも、タキ姐は努力してきたからね、美しくなる努力をしてきた。

この年齢では待っていても何も来ないもの

タキ　どうだろう。でもまず大切なのは毎日やることがあるということね。

私の場合、ありがたいことに仕事がある。これは夫の黒川さんに非常に感謝しています。彼は以前「細々とでもいいから仕事を続けなさい」って言ってくれたの。

彼がこの言葉を言ってくれたのが、私が42歳で息子を出産してから数年経って、仕事を続けるかどうか迷っていたときなの。

ちょうど、バブルが終わった頃で、その頃には電通や博報堂など広告業界大手が私のやってきた海外アーティストのコーディネートのノウハウも身につけていたし、世界中に人脈もできているし、ということはフリーランスのコーディネーターという立場が不要になってきたわけね。要するにわざわざ私にお金払わなくたって自分たちでできちゃうという時代になっていた。

子育ても手がかかるし、母も90歳を超えていたし、これからどうしようかなと思っていた。

今は黒川さんに言われたことを若い人にもよく言っています。

「何かやめるのはいつでもやめられる。でも、一回やめちゃうと戻すのが大変だから、細々とでもいいので、つないでおきなさい」って。

だから、そのときに細々とつないでいた結果、今でもありがたいことに仕事がある。でも別に仕事である必要はないんです。とにかく毎日やることがある、社会と接するというのが大切。

出会いというのは自分が出ていかなければ会わないの。出会いはどこにでも転がっているのよ。転がっているんだけど、自分で出かけなければつかめないし、出会いにならない。なにごとも、やり始めると楽しくなってきたり、やっぱり続けようって気になるけれど、そのスタートラインにまず立たなくちゃ。

立つか立たないかは結局自分次第なの。やりたいことは自分で見つけて演出していかないと。この年齢では待っていても何も来ないもの。

まさし そうだねえ。

タキ ほかに続けているのは、30年間、同じサプリを飲んでいるということかな。ちょっと宣伝っぽくなっちゃうけど、「イミディーン・タイムパーフェクション」という、海洋性タンパク質に亜鉛やビタミンC、ビタミンB_1とE、リコピン、ポリフェノールにカテキンが入っているもので、最初は3ヵ月毎日2粒、モニターで飲んでみてと頼まれて始めたの。モニター期間中は正直変化がわからなかったけれど、終わってみるとなんとなくいい感じがしたので、「飲もう」と決めて以来30年。夫もずっと飲んでるわよ。そのおかげか、彼は86歳の今でもとっても元気で意欲的。

まさし サプリはいっぱい出ているけれど、同じサプリを30年続けている人はなかなかいないですよね。

僕は何もしてないからね、これからします。

タキ でもね、美しさというより、とにかく、身体を磨くことは自分で肝に銘じてね、ちょっとそういう時間も作ってあげてください。

まさし　あ、時間はたっぷりいただいてるんです（笑）。時間はたっぷりいただいてるんですがやっていない。

鏡を見るときには心と対話しなさい

まさし　そう言えば、タキ姐が先ほど話していたサプリメントや基礎化粧品のコマーシャルやってるのを僕よく見るけど、見るたびに、ああ、タキ姐、頑張ってるなと思います。あれ、売れているでしょ。

タキ　はい、ありがとうございます。おかげさまで。でもね、私は自分が実際に使用し続けているものじゃないと、宣伝のお手伝いはできない。広告塔になることは自分が心からその商品を好きでないと。そこがいわゆるタレントさんや人気俳優さんとは異なるところ。

まさし　たぶん女性はね、小さなシワも気になるのね。それで、絶対綺麗でいたいじゃない。綺麗というのは作りのことじゃなくて、やっぱり印象、他人に対する印象が美しくありたいっていうのは、どんな女性でも少なからず願ってると思うのね。

タキ　あのね、どうしたら若く見られるかではなく、自分らしく見えるには何が大切か、よ。母が言っていた「**美しくあるのはいいんだけども、自分を省みない人は決して美しくない**」という言葉が基本かな。

まさし　自分を省みないというのはどういう意味で？

タキ　反省しない人。鏡を見て、自分の表面しか見ない。

まさし　見てくれだけじゃないよと。

タキ　見てくれだけじゃない。「**心の中を映すのが鏡でしょ？　鏡を見るときには、あなたは心と対話しなさい**」と。

まさし　加藤シヅエの言葉だね。表面だけではなく心の中で自分と対話をしなさい。反省しなさい。

タキ　鏡を見るのは何のためかと言ったら、シミが増えたとかシワが増えたとかじゃなくて、「今あなたの心の状態は元気なの？　健全なの？」って、自分自身と対話するのが大事だって。

まさし　それはねぇ、男性はしないね。

タキ　(笑)

まさし　自分でまじまじと鏡を見たくないの。

タキ　白髪もシワも自分史よ。

まさし　男は怖いのね。現実を知りたくないの。女性は常に現実を知った上で、それを改善しようという気持ちを持っている。

否定的な3Dは言わない

タキ　どうだろう。女性でも年齢を言い訳にして逃避している人のほうが多いかな？　でも母譲りで私は年齢を言い訳にはしない。あとこれはよく言うんだけれど、否定的な3Dは言わないということね。

まさし　3D？

タキ　「だって、でも、どうせ」で3D。けっこう言う人多いでしょ？

まさし　たしかに。それは立派だと思う。僕の母は90で亡くなったんだけども、亡くなるまでね、やっぱり見てくれは気にしてたな。最期は施設に入ってたんだけど、それでも、いきなり僕が会いに行くのは嫌がったね。何時頃に行くからって言ってから行かないといけなかった。

タキ　うん、身だしなみを整えたい。

まさし　そうそう。それで、ちゃんとして迎えないと嫌だっていうところがあったね。

タキ　母もそうだった。母が100歳のときにこう言ったの。「**100歳だからといって100歳らしくする必要はない。あくまでも自分らしくしていたいの**」。

まさし　〝ねばならぬ〟から自由でいないと。

タキ　出た！　加藤シヅエの言葉がもう一つ。

晩年でも母は、本当に綺麗な肌していたんだけども、一つポイントがあって、これはあなたも今日からできること。朝と晩、蒸しタオルでほんの5秒から10秒、顔を包む。気持ちいいよ。やってごらん。

まさし　蒸しタオルで？

タキ　そう、もうただ熱いの。

まさし　のっけるの？　顔にのっけるの？

タキ　うん。あとはそれで拭けばいい。

まさし　僕ら、熱いタオルを顔にのっけるのは、床屋でヒゲ剃るときだけなんですよ。

タキ　それを朝晩、自分でやるの。

まさし　朝晩、自分でやるの？

タキ　うん。それで、そのあと、まさし君……。

まさし　はい。

タキ　はっきり言うけど、もう今からちゃんと何かつけなさいね。

まさし　はい？

タキ　保湿クリームでもいいし。何でもいい。

まさし　わかりました。

タキ　とにかく乾燥がよくないから保湿のためにね。でも、あなた綺麗な肌してるよ。

まさし　いや、まあ、僕のことは置いときましょう。

タキ　（笑）

自分を省みない人は美しくない

まさし　タキ姐は反省することってある？

タキ　しょっちゅう。毎日のように。さっきも話したように「自分を省みない人は美しくない」と母に言われてたでしょ。

まさし　そうでした。でも、省み過ぎるとくたびれるでしょう。

タキ　ウフフ、省み過ぎながら寝ちゃうの。
まさし　それは、省みてない。
タキ　（笑）
まさし　でも、省みてるんだろうなぁ、毎日毎日。
タキ　そうね。
まさし　何に対してですか。人に対して？　自分の行動に対して？
タキ　自分の行動だわね。ちょっと積極性が足りなかったなあとか、手を抜いちゃったなあとか。でも同じことをまたやってしまうことも多いんだけどね。要は省みることを続けることが大切だと思っているのよ。
　ただ、やらなければいけないことを後回しにして、どうでもいいことをやっていることも多いしね。録りだめしておいたテレビドラマを観たり。
まさし　いや、でもさ、そんなのはみんなそうじゃない。
タキ　やることいっぱいあるんだけど、それがどんどん遅れちゃって。
まさし　それ俺と同じだよ。
タキ　（笑）
まさし　まさに俺。やることいっぱいあるのに、やることやんないで。

タキ　あ、またやった、またやっちゃった、またまたやっちゃった、とか。
まさし　まだタキ姐はいいよ。僕、ゲームやるからね。
タキ　まあでも、私が録ったドラマを観るのと同じでしょ。
まさし　ドラマは録画して観ないけどね。
タキ　私はドラマ大好きだから、一年中みんな録って観ますから。まさし君の登場した『石子と羽男』の飄々とした赤ひげ先生弁護士版の感じが味わい深くて良かったわよ〜。
まさし　おっ、嬉しいね。そんなに観てるの？
タキ　観てるねえ。
まさし　寝がけに？
タキ　うん。話題になってるのを全部。
まさし　え、全部観るの？
タキ　もうほとんど。
まさし　じゃあ『舞いあがれ！』も観てたの？
タキ　『舞いあがれ！』は朝ドラでしょ。朝は観ないの。ごめんね。
まさし　あ、そう。録画もしないのね。

タキ　録画もしない（笑）。

まさし　僕が一生懸命語ってたのに（笑）。

タキ　ごめんね（笑）。

心の洗濯時間

まさし　先ほどエレガンスについて聞いたけれど、やっぱり女性は美しくありたいと願う人は多いと思うのよ。その美しさって何ですかということをタキ姐には聞きたいね。美しくあるためにはどうすればいい？

タキ　私は、毎日心を洗濯することは心がけているかな。

まさし　心を洗濯する？　どうやって？

タキ　私の場合は、毎朝、母の遺影と父の遺影に向かって「おはよう。今日も一日ありがとう。見守っててね」と挨拶する。「じつはね、こういうことがあったんだけど、ちょっと私、こうなんだけど」って。そうすると、もう一人の自分が、それは母の言葉として、「あなた、本当にちゃんと自分に素直だった？そのとき」とか答えてくる。要するにもう一人の自分だけど、私はそれを母からの言葉だと思っている。

もともと父が亡くなったあと、母が「心の洗濯時間」と称して、毎朝、父の魂との対話の時間を続けていたの。遺影を前に、「世間では今こういうことが起きてるのよ。パパだったら何て言う？」というような対話をしていたわけ。それを私はずっと見てきたわけだし、その母が心の洗濯をするってことがいかに大事かということをよく言っていたのね。

まさし なかなかそれはできないよ、タキ姐。

タキ できるよ、やる気さえあれば。

まさし 女ならできる？　男にはできない。

タキ そうかな（笑）。

まさし 男には絶対できない。女ならできるんだ。あっ、でも今はコンプライアンスでいろいろと言われるからね。「男だったら」とか「女だったら」とか言うと、必ず文句を言う人がいるからさ。

タキ そんなの気にしてたら、もう何も言えなくなるでしょ。

まさし だから、それはちょっとコンプライアンス的に問題あるけれども、ご本人の哲学を大切にして、ということで。

タキ　ほら、よく「意見には個人差があります」という一言があるでしょ。「これは個人の感想です」とCMにも。

まさし　「意見には個人差があります」と書いてね。

タキ　そう。私あれ好きなの。まさし君がいつぞやのコンサートのとき、ピンクのタオルにそう書いてあるグッズを売っていたでしょ。まだ使っているのよ。使うたびにニヤニヤしているの。

スタイルキープは食から

まさし　タキ姐は今のスタイルをキープするために、毎日何をしてるの。

タキ　食事かな。まずはしっかりよく嚙む。

外食では寿司、イタリアン、中華、和食が好み。自宅では簡単な、例えば白菜豚バラ蒸しをポン酢で食べたり、具だくさんの豚汁、牛肉とごぼう煮とか。

まさし　冷蔵庫に常備しているものを知りたい？

タキ　うん。

まさし　そうね。例えば豆腐、納豆、つくだ煮、卵、牛乳、ヨーグルト。キャベツ、ネギ、ピーマン、トマトなどの野菜類。冷凍庫には必ず豚バラ、牛肉の薄切り、鶏肉、魚介類、うなぎも入ってる。そうそうブロッコリーを蒸してタッパーに入れていつもキープしている。

まさし　暴飲暴食はしない？

タキ　あまりしないね。

まさし　お酒は飲まない？

タキ　飲む。けっこう強いのよ。

まさし　主に何を飲むの？

タキ　今はワインと焼酎。飲み始めたら私は、夫と二人でワイン1瓶は空けちゃうけど、私のほうがほとんど飲んでるから。でも毎晩じゃない。外食時が多いかな。

まさし　僕も最近、ボトル半分でやめてますよ、前は1本飲んでたけど。

タキ　一人で1本飲んじゃうの？

まさし　それはそうですよね。調子いいときにはもっといきますよね。それは反省して、今は半分にしてますよ。我慢して。

タキ　私は家で飲んでも、そのあと片づけ物があるじゃない、台所の。そういうのを考えると途中でやめたりする。夫は料理好きだし上手だけれど、片づけは全部

まさし　私。皿洗い好きなの。
タキ　食べ物は？　何に気をつけて食べてるの？
まさし　あらゆるタンパク質。豚肉が多いし、鶏肉も食べるし、魚もよく食べる。夫は牛肉も好きだけども、豚、鶏、魚が多いかな。そして必ず野菜をバランスよく。
タキ　魚はお刺身？
まさし　お刺身は食べたいけれども、買いに行く時間がなかなかないから、粕漬けとか干物とか、サーモン、貝類を買っておいて冷凍しておく。
タキ　ごはんは？
まさし　あまり食べない。炭水化物は控えめです。
タキ　うどんとかも食べない？
まさし　週末のランチに夫はよくうどん料理を作っているけれど、私はあんまり食べない。
タキ　蕎麦は？
まさし　蕎麦は休日によく夫と食べにいく。
タキ　うどんとごはんはあまり食べないんだ。

タキ　そうね、あまり食べない。でも、パスタは食べる。
まさし　僕も最近はね、そんなにごはん粒は食べないですよ。でも、うどんは大好き。
タキ　私も讃岐とか稲庭とかは大好きよ。
まさし　僕はうどんに対する完全自由主義者なんで、伊勢うどんであろうが、博多うどんであろうが、稲庭であろうが、讃岐であろうが、みな大好き。
タキ　長崎はちゃんぽんではないの？
まさし　長崎には五島うどんがありますから。
タキ　あ、そうだ。
まさし　五島うどんは稲庭うどんの先祖ですから。
タキ　へぇー、それは知らなかった。
まさし　歴史1000年以上ありますから。稲庭うどんが350年歴史がある。稲庭うどんの名人がルーツを探して旅をして五島にたどり着いた。五島のうどんはゆでても伸びないの。だから……あ、うどんの話はともかく。僕は本当にタキ姐が何食べてるのかなってすごく興味がある。
タキ　嫌いなものは子どもの頃からほとんどない。夫もレストランに行って「苦手なものは？」と聞かれると「まずいものは嫌いです」と答えている（笑）。

まさし　パクチーとかも好き？
タキ　大好き。パクチー娘と言われるぐらい好き。
まさし　三つ葉とか山椒は？
タキ　もう大好き。
まさし　僕、全部ダメです。香りのある野菜ダメ。ニンニクはいけるけど、最近はそんなにニンニクも欲しくなくなった。
タキ　うち、夫がしょっちゅう料理してくれるんだけど、ニンニクたっぷりの人だから。
まさし　ニンニクだらけなんだ。
タキ　息子のお嫁ちゃんがニンニクまったくダメだって言うから、このあいだ息子に聞いたら、「僕、最近慣れてきて、ニンニクなしでもけっこうおいしいってことがわかった」と言ったから、ああこうやって男の人はみんな妻にしつけられていくんだなと。息子もよく料理をしているみたい。
まさし　僕もね、最近、大嫌いだった生姜が大丈夫になってきつつある。
タキ　生姜は身体にすごくいいじゃない。
まさし　最近、スタッフが生姜紅茶を作ってくれててね。

タキ　好きになった？
まさし　だいぶ慣れてきた、生姜の香りに。前はお寿司屋さん行くとガリばっかり食べてて、ガリは昔から好きだったんだけど。最近はね、普通に生姜、大丈夫になってきたな。
タキ　やっと大人になったね。
まさし　身体を温めるんですか、生姜は。
タキ　そう、ネギとか生姜はね。
まさし　喉にはいいね、生姜ハチミツ紅茶。
タキ　黒川も私も嫌いなものなし、苦手なものなしだから。
まさし　だったらバッカバカ食べそうじゃない？
タキ　いや、それは控えめにしてる。黒川と私だったら私のほうが食べるけど。でも最近は食べる量は明らかに減ったし、家では飲まなくなったなあ。
まさし　控えめなの？　野菜ばっかり食べるとか？
タキ　私は野菜をまず食べる。
まさし　ベジファースト。
タキ　そうそう。それから肉類。

まさし　こう申し上げちゃなんですけども、お年を召した方でお元気な方というのはお肉がお好きですね。

タキ　母も大好きだった。

まさし　僕の父も母も最晩年まで、「何か食べに行く?」って聞いたら、「肉」と言ってました。それで、あまり大きいのが咀嚼《そしゃく》できなくなってからも、「小そう切って、小そう切って」って、小さく切ったやつを小型の掃除機みたいに端っこからずーっと食べてました。

タキ　(笑)母は100歳で入院してても、「大トロ持ってきて。大トロちょっと差し入れして」。大トロと肉とうなぎが好きだった。

まさし　大トロ好き?

タキ　はい。それは脂が好きだった。

まさし　何だろう。それはいわゆる健啖家という意味?

タキ　何だろうね。私は脂は食べない。

まさし　脂おいしいじゃない。すき焼きの最初に入れて、忘れてる脂を最後に食べるっていいじゃない。ちょっと焦げかかったやつ。でもそうか、ベジファーストでお肉も食べて、あまり量は食べない。そこそこのところで抑える。これが大事なんですね。
タキ　うん。でも、お菓子も大好き。
まさし　甘いものは好き？
タキ　うん。わらび餅が大好きだし、粒あん系おはぎも好き。シュークリームやショートケーキも。
まさし　そうなんだ。だいたい見えてきました。お酒はお食事中に召し上がるんですか。
タキ　そうね。夫が菊姫大吟醸が大好きで、家でよく飲んでるけど、私は最近あまり日本酒は飲まない。とにかくワイン。赤と白どっちでもいい。泡ものも大好き。
まさし　あとは麦焼酎。
タキ　うん、ときどき麦焼酎。けっこう強いよ。20代の頃はもっと強かったから、男の方たちと打ち合わせで一緒に行くでしょ。みんな先に出来上がってた。
まさし　やっぱりね。当時はそうでないと女一人生き抜いていけない。
タキ　そうだった。
まさし　断固として飲まない女性もいましたけどね。

タキ　その代わり家へ帰ってから、ガッとぶっ倒れたこともある。息子がまだ結婚する前で家に住んでいたとき、夜中に帰ってきたら暗闇で何かにぶつかったんだって。私が玄関先の床に寝ていたらしい（笑）。

まさし　お化粧も落とさず。

タキ　そう。ダメね（笑）。

70歳になってもスタイルは変わる

タキ　まさし君、昔はすごい筋肉していたよね。スポーツも得意だった？

まさし　テニスは得意だったけど野球は下手。でも20代の頃の体脂肪率は7か8。それが今では……、鏡見られるわけないじゃないですか。

タキ　だって、あなたは努力していないからね。そうしようって気がないでしょ。

まさし　ズキューン。ズキューン。今、殺されたね。たしかにその通り。

タキ　でもそれは理由あるよね。忙しい。寝る時間も割かなくちゃならない。曲も書かなくちゃ、ラジオもテレビもコンサートも……。

まさし　酒も飲まなきゃなんない。

タキ　そう、お酒も飲まなくちゃ、誰かさんとも会わなくちゃ、って。
まさし　僕はね、4回、酒で喉つぶしてんですよ。
タキ　あーら。
まさし　飲み過ぎで。飲んで喋るでしょ?
タキ　タバコはもうやめたでしょ?
まさし　とっくにやめました。喉はバーボンでつぶして、芋焼酎でつぶして、それから
ね、日本酒でつぶして、それから僕、ビールに変えたの。
タキ　ビールは太るからやめといたほうがいい。
まさし　いや、でもね、ビールって量飲めないの、そんなには。
タキ　あ、それは言えてる。
まさし　だから、せいぜい350㎖缶、自分の見たい映画を自分の部屋で見て。でもふ
と気がつけば8本ってことはあるけど。
タキ　それだ。20代のさだまさしがいなくなった理由はそれだ。
まさし　それでみんなに言われてビールもやめたの。次はワイン。そしたら毎日1本ず
つ飲んでたから、それじゃ変わらないって言われて。
タキ　たしかに変わらない。

まさし　今ようやく半分に。

タキ　そうね、3〜4杯。8杯飲めるからね、1本で。

まさし　まあ、8杯は飲めないな、僕のグラスでは。

タキ　（笑）今はダメ。やっぱりそういう意味じゃ、加齢してるということを意識しないとね、少しずつね。

まさし　タキ姐は社交ダンスやってる。

タキ　私は今社交ダンスしかしない。四谷のダンススクール市川に通っている。60歳のときにものすごい太っちゃったからジムに行ってたことはあるけどね。

まさし　泳いだり走ったりしてたの？

タキ　筋トレと走ったり自転車漕ぎしたり。

まさし　楽しかった？

タキ　楽しくなかった。楽しくないから、まもなく行かなくなっちゃった。ダンスはいいのよ。アメリカのアルバート・アインシュタイン医科大学というところの研究で、趣味のなかで社交ダンスがいちばん認知症予防になるという結果が出ているんですって。まず、異性でペアを組む。それから、いい音楽を聞きながら、ステップを覚える。瞬時に判断してペアで合わせる行動するのもいいらしい。そして楽しい。

まさし　異性でペアを組むというのはときめきは感じるものなの？

タキ　「あれは一種、疑似恋愛だから」と言う人もいるし、私もやり始めた頃は多少はあったけれど、今は全然感じないなあ。医者と患者の感じよね（笑）。

まさし　そんなもんなんだ。ダンスは週何回くらい行ってるの？

タキ　今は週2回、始めた頃は週に1回だった。もう、楽しくて楽しくて。

まさし　時間はどれくらい？

タキ　私は1時間半から2時間。なかなかハードよ。私はダンスを始めてから10キロ近くやせたからね。そして、70歳前後にして、筋力がぐーんと増したの。

まさし　ほかの日は運動していないの？

タキ　何もしてない。

まさし　タキ姐、もうゴルフはやらないの？

タキ　今はやめたの。

まさし　なんでやめたの？

タキ　花粉症がひどくて。鼻もそうだし、目もひどくかゆくて涙でいっぱいになって何も見えなくなるのよ。だから今はやめて興味もなくなった。だって丸一日かかるんだもん。ダンスやりたいし、歌やりたいし、仕事もあるし家事もあるし。

まさし　タキ姐とゴルフやりたいな。

タキ　昔ね、やり始めの頃、吉永小百合さんと2〜3回まわったことある。

まさし　吉永小百合さん、ゴルフなさるんですか。

タキ　そうなの。彼女もやり始めの頃で、私も初心者だった。大変慎重な方でいらして。

まさし　考え込むのね。

タキ　当時、私タバコ吸ってたのね。１本吸っても……まだ打ってない。

まさし　そういう人いるね。

タキ　でも、綺麗なフォームでぽーんとフェアウェイにまっすぐ。

まさし　僕はゴルフしかないかなと思ってんの、この身体を維持するの。

タキ　それはいいと思うよ。ただしカートなし。歩く。

まさし　歩くね。カート乗らずね。

タキ　10年ぐらい前かな。マウイ島のカパルアでゴルフをしたの。すでに日本ではめったにやらなくなって久々だったけれど、久々にやったらハーフで20回ぐらい空振りしたの。最後にはパターまで空振りして。
私、もうガッカリして悲しくて悲しくて。隣のザ・リッツ・カールトンでお寿司食べながら、「私、なんであんな下手になっちゃったんだろう。なんで？」ってボヤいてたら、隣の全然知らない日本人の方が、「さっきからお話が聞こえていましたが、それ白内障じゃないですか」って言われて。「えー？　私まだ67なんです」。「僕、58ですけど、とっくに手術終わりましたよ」と言われて。

まさし　僕も白内障やった。

タキ　やった？

まさし　うん。やっぱりね、同じ理由。ゴルフでパターが入らなくなった。パターすごい自信あったのに全然入らなくなって。薄暗くなったら、もうボールが見えない。曇った日はゴルフできない。スコアもめちゃめちゃ悪い。それで晴れた日は眩しいの。

タキ　白内障はやたらと眩しいのよね。

まさし　それで手術した途端に、パターが復活した。

タキ　(笑)小技うまそうだもんね。

まさし　小技はうまい。僕、プロからも球際がうまいって褒められて。全然やってなくても球際がうまいって言われて、それを励みにやってたけど、身体が全然ダメになったから飛距離がガックリ落ちて。スコアはそんなに変わんないんだけど、飛距離がガックリ落ちたね。だからタキ姐、いいメガネ屋さん紹介するからゴルフやろう（笑）。

第2章

ふたりの歴史

関白宣言

作詞・作曲　さだまさし

お前を嫁にもらう前に
言っておきたい事がある
かなりきびしい話もするが
俺の本音を聴いておけ
俺より先に寝てはいけない
俺より後に起きてもいけない
めしは上手く作れ
いつもきれいでいろ
出来る範囲で構わないから
忘れてくれるな

仕事も出来ない男に
家庭を守れるはずなどないってことを
お前にはお前にしか
できないこともあるから
それ以外は口出しせず黙って俺についてこい

お前の親と俺の親と
どちらも同じだ大切にしろ
姑小姑かしこくこなせ
たやすいはずだ愛すればいい

人の陰口言うな聞くな
それからつまらぬシットはするな
俺は浮気はしない
たぶんしないと思う
しないんじゃないかな
ま、ちょっと覚悟はしておけ
幸福は二人で育てるもので
どちらかが苦労して
つくろうものではないはず
お前は俺の処へ
家を捨てて来るのだから
帰る場所は無いと思え
これから俺がお前の家

子供が育って　年をとったら
俺より先に死んではいけない
例えばわずか一日でもいい
俺より早く逝ってはいけない
何もいらない俺の手を握り
涙のしずくふたつ以上こぼせ
お前のお陰でいい人生だったと
俺が言うから必ず言うから
忘れてくれるな　俺の愛する女は
愛する女は　生涯お前ひとり
忘れてくれるな　俺の愛する女は
愛する女は　生涯お前ただ一人

『関白宣言』がきっかけに

まさし　シヅエ先生と最初にお目にかかったのは1979年でしたね。

タキ　『関白宣言』のあとのコンサート。80年になってたかもしれない、新宿の東京厚生年金会館でした。

まさし　間に立ってくれた人がいて、その方にお願いしてご招待させていただいて。

タキ　『関白宣言』でまさし君が叩かれたとき、メディアを通じて母が吠えてたものだから。音楽評論家の安倍寧《やすし》さんが新聞に書いてくださって。「加藤シヅエがさだまさしを応援」とか。

まさし　そうそう。応援してくれる人が少なかった頃ね。

タキ　当時、『関白宣言』は女性蔑視で許せないと女性団体が騒ぎを起こしたとき、母が声高にメディアを通じて訴えたの。みんな行間をどれだけ読んでるのかって。

まさし　行間読んでくれる人なんかいませんよ。僕は『関白宣言』は見事なエスプリだと思っていたんだよ（笑）。それを笑ってくれずに怒るっていうのでビックリしちゃって。あのときには、そうね、笑ってくれたのは遠藤周作先生と森繁久彌さんと山本健吉先生くらいなもんだったね。「お前が言いたいのはここじゃないのはわかってる」という。あとは、行間をちゃんと理解してくださったのは加藤シヅエ先生以外ないね。

タキ　シヅエ先生が『関白宣言』のことをすごく庇ってくださってね。

まさし　新聞に投稿したの。それで、ラジオでもテレビでも取材されて。母は一貫して「何をみんな読んでいるのですか。何を聞いているんですか」と言っていた。ちょうど母は父を亡くしてから間もない頃だったの。78年9月に、父は風邪で病床について1ヵ月半で亡くなっちゃったから。そんなこともあって本当はすごい気落ちしてたときに、母のそれこそ存在理由じゃないけど、「私のファイティング・スピリッツがまたムクムクと」って。それに父は最後に母の手を握って「ありがとう」とつぶやいて亡くなった。その情景に『関白宣言』の最後の歌詞がダブったということもあったと思う。
でも、僕にしてみたらね、いきなり加藤シヅエですよ。加藤シヅエといえば日本の女性国会議員の第一号ですよ。つまり「女性の闘士」というふうに書かれるわけじゃないですか。女性の闘士が『関白宣言』を褒めるということの感覚がね。
僕の中には、そのときまでは、女性代議士とか、女性の闘士というものに対するアレルギーみたいなのがあった。それは別に女性が闘うのが正しい、間違ってるということではなく、この人たちとあまり関わりたくないという感覚を持っていましたが、こんなに公平で客観的な、自分で自分を笑うようなエスプリまで理解できる女性がいて、それで、まさに「行間を読みなさい」みたいなことを言ってくださったことに、本当にショックを受けました。
理解していただくってことがこんなに力が湧いてくることなのかと思いました。シヅエ先生の言葉ってやっぱり大きかったですね。で、その後シヅエ先生のお誕生日にご自宅に伺った。

タキ　そう。あのとき、「神出鬼没コンサート」というのをやってたのよね。

まさし　1981年の映画『長江』の大赤字をなんとかして返さなくちゃいけないっていうんで、2日に1ステージくらいずつ、ありとあらゆるとこ、もう全国津々浦々回りました。

タキ　2日に1回歌ってた頃よね。神出鬼没と称して僕は行きますと言って、ギターを手に、家まで来てくださって冷蔵庫の前で歌って（笑）。

加藤シヅエ自宅にて、1982年３月２日。前列左より、さだまさし、加藤シヅエ。後列左より、加藤タキ、佐田雅人（まさし父）

まさし　いやいや、でも、そんなことは関係ないんですよね。やっぱりシヅエ先生は宇宙ですから（笑）。加藤シヅエという宇宙と向かい合えるだけで感動というか安心感。

僕はおばあちゃん子だったんで、おばあちゃんが好きなんですよ。それは今でもなんだけど。だから、そういうおばあちゃん……おばあちゃんじゃないんだけどね。本当はお母さんの立場なんだけど、ああ、この方のために歌えるというのはすごく幸せだなと思って。でも、シヅエ先生新聞に書いてましたよ。「詞はいいけど、歌はまだまだ」って。

まさし (笑) 母は「あの若者が」とまさし君のことをいつも言っていたわ。

タキ そう、若者だったんです、僕。

まさし 細くてヒョロヒョロで、そのあと結婚して、もう本当にアイドルちゃんよ。

タキ アイドルですよ。その頃に、加藤シヅエさんのところに行って歌うっていうだけで、なんかすごく緊張したなぁ、僕。

タキ 東京駅だったかな。スマホなんか当然ない時代。「今、東京駅着いて、これからそちらへ向かいます」ってお電話いただいて、「みんな、まさし君が東京駅着いたって。こっち向かうって」と言って (笑)、母の親戚のおじいちゃん、おばあちゃん世代がそれこそみんな待っていて。

まさし たくさんの人がお見えだったね。

タキ そう。うちの玄関のエレベータホールまで靴が並んで。

まさし シヅエ先生、おいくつでした?

タキ 1982年だから85歳。

まさし まだ全然若かったね。かくしゃくとしてらした。

タキ　そう、そう。
まさし　僕は本当アイドルだったし。
タキ　そう、そう（笑）。
まさし　でもまあ、『関白宣言』のご縁で、ほかにシヅエ先生とお目にかかるのは安比高原だけだったから。
タキ　そうです。もう毎年お正月にね。
まさし　安比グランドの総支配人を僕のポンユーがやってたんで……。『紅白歌合戦』が終わったら、ほぼ寝ないようにして朝一で安比へ行って、2日の日の夜にお客さん相手にライブをやって。1日に柳家小三治さんが落語、2日に僕がライブというようなことをやっていました。
タキ　ホテルのオーナーだったリクルートの江副《えぞえ》浩正さんもまだお元気でしたね。
まさし　そうそう。江副さんがえらいさだまさしフリークでね。自分が『フレディもしくは三教街』って歌をどうしても歌いたいと言いだして、ボイストレーナーについてね。それで、持ち歌は『フレディもしくは三教街』だけだったんだけど、お抱えピアニストを連れてね、現れては『フレディもしくは三教街』を僕の前で歌ってくださるんだけど……。

タキ　（笑）

まさし　「どう？」と言われたときの、あの返事のしにくさね。「いやぁ、素晴らしい。ああ、素晴らしい」。

タキ　言ったの？

まさし　言いましたよ。「いやぁ、その熱意が」って。

タキ　あ、そうそう、その一言、それがあって納得（笑）。

まさし　熱意が嬉しい。まあでも、あのときにシヅエ先生とお目にかかっても、じっくりお話をすることもなく、本当にご挨拶する程度でした。

タキ　そうね。で、私たちはわりとまさし君のご両親とよくお話しさせていただいて。

まさし　そうですよね。

タキ　はじめの頃はまさし君のコンサートに同行していたけれど、私も仕事が忙しくて海外にしょっちゅう行っていたから、やがて共通の友人に母を連れて行っていただいて。でもね、いつも行くと、握手したっていうその手とプログラムを、大事に枕の下に入れて眠りにつくの。

まさし　僕、シヅエ先生のアイドルだったのね。

タキ　そうそう。そういうご縁で、私もまさし君と親しくなって……。

まさし　タキ姐とはシヅエ先生が亡くなってからですよ。もうタキ姐しか、加藤家ですがる人がいなくなって(笑)。それまではやっぱりシヅエ先生がおいでになったからシヅエ先生と僕というつながりで、シヅエ先生が亡くなってから「タキ姐」って言えるようになった。

タキ　1983年に長崎の詩島で執り行われたまさし君の結婚式も、母は参列させていただいたけれど私は行ってないのよ。

偲ぶ会でずっとかけ続けた『勇気凛凛』

まさし　そうそう。シヅエ先生だけだね。先生が亡くなられたのはいつでしたっけ？

タキ　2001年12月。それで、翌年の2月に偲ぶ会を帝国ホテルでしたときに、会の前日にあなたが「ごめんなさい。本当はお母さまがご存命のときに作りたいと思ってたんだけど、できなかった。ごめんなさい」と言って、『勇気凛凛』のテープを届けてくださったの。それで、それを偲ぶ会でずーっとかけっぱなしにして。皆さんが献花してくださるときにずーっとかけ続けて。

勇気凛凛 〜故 加藤シヅヱ先生に捧ぐ〜

作詞・作曲 さだまさし

小さな事で少しも
うじうじすることなどなく
つらいときこそ明るく
いつもいつも笑っている
心広く情け深く 安売りせず高ぶらずに
敵には強く味方には頼もしくて大きい

そんな人に あなたならなれる
夢を捨てず 夢に溺れず
二人支え合って歩く

いつか そこにたどり着ける
花を咲かせます あなたに
私の夢はあなた

裏表を使い分けず 手柄は譲り恩は着せず
陰口など決して言わず 洒落はわかりすぎるくらい
女に弱かったり 欠点は幾らもあるけど
傷のない人は他の人の 痛みに気づかぬもの

忘れないで いつも信じてる

日本中が敵でも　私は味方
花を咲かせます　あなたに
いつか日本一大きな
花を咲かせます　あなたに
私の夢はあなた

ほころびは繕えばいい
傷は癒し合えばいい
あなたに出会えて良かった
私の特技はあなただけ
いつの日か別れの時涙ちゃんと二つこぼして
ありがとうと一番いい顔で
笑って言うからね

忘れないで　いつも支えてる
世界中が敵でも　私は味方
花を咲かせます　あなたに
きっと世界一綺麗な
花を咲かせます　あなたに
私の夢はあなた

花を咲かせます　あなたに
いつか夢にたどり着ける
花を咲かせます　あなたに
私の夢はあなた

まさし　そうでした。

タキ　ずーっと。皆さん、「これ何ですか」「この曲、何ですか」って(笑)。

まさし　「これ何ですか」って言うわな。でも、僕は、加藤シヅエ先生に勇気をいただいて、勇気凛凛で歩けるようになりましたもんね、おかげで怖いものが……怖いものってなかったんだけど、でも、なんとなしに世間の評判というのは、人の心を傷つけるんですよ。

タキ　『偶成』の歌の中にも書いてあるけれども、「やっかみほど怖いものなんて無い」って遠藤周作先生の言葉ね。

まさし　そうなんです。

タキ　いや、本当に人の足を引っ張るのは簡単なの、やっかみの塊になれば。

まさし　人の不幸は蜜の味っていいますしね。

タキ　そうね。

まさし　いや、でも、若い頃にそれを経験させていただいて、体力があるうちに抜けられたのは大きかったですね。

タキ　42歳で私が息子を産んだときに、90歳で初孫を授かった母が「この子の若いうちの挫折を恐れるな」と産院の病室で言ったの。「若いうちなら何度でも立ち上がれる。やり直せる」って。

まさし そういうことか。

タキ もし順風満帆に人生を歩んで来ていても、50代、60代、70代になって初めて何かがあったら、立ち直る術を知らないでしょう。

まさし うん。

タキ 立ち直りたくても今度は体力や気力がないとか、いろいろ。だから、赤ちゃん生まれた直後にプレゼントとしてその言葉を贈られた。

まさし でも、赤ちゃんを産んだばかりの母親に言う言葉じゃないですよね。

タキ そりゃそう（笑）。でも、言われたらやっぱり心に深く刻まれましたよ。

まさし うん。僕は『関白宣言』のときに世間全体が敵だというふうに思ったんだけど、あとで、シヅエ先生のこともあって勇気を取り戻して考えてみると、常に味方は3割はいるってことに気がついて、敵も3割しかいないってことに気がついたのね。残り4割は別にどうでもいいのね。その4割が向こう付くか、こっち付くかで、世の中変わるだけのことで。まあ、どうあっても味方は3割はいると思えるようになったのは、あのバッシング騒ぎのあとですよね。しかも借金したしね、僕。

タキ　そう。

まさし　借金は大きかった。借金してなかったら……。

タキ　また違う人生だったね。

まさし　違う人生でしょうね。

タキ　（借金の原因になった）お父さまに感謝しなくちゃ。

まさし　いやいや、感謝なんてしないですよ。だって、どんだけ、どんだけ苦労しましたか、僕。タキ姐、簡単に言うけど、返すまでに30年だよ。

タキ　30年かかった？

まさし　だって35億だもん。

タキ　ああ、途方もない数字……。重かったでしょうね。とにかく一日おきぐらいに1ステージのコンサートを続けていたというのは、ほんと大変だったと思う。

まさし　でも、ありがたかったのは、そのコンサートにずーっとお客さんが来てくれたってことです。普通もう追い風が向かい風になった瞬間に、お客さんって離れていくものじゃないですか。それが変わらずいてくれたっていうことが。

タキ　それ、なぜいてくれたと思う？

まさし　うーん……愛かな。

タキ　さだまさしだからよ。
まさし　それはどういう意味？
タキ　さだまさしが、さだまさしであったから。
まさし　ああ、そうか。
タキ　そのさだまさしの中の挫折だったり、栄光だったり、喝采だったりを、ぜーんぶみんな見て、それを一緒になって応援して、あなたが揺るがずにさだまさしであり続けたからでしょ。
まさし　大きいね、ファンの人って。
タキ　そう。だからもちろん愛なんだけども、それもちゃんと、あなたが一つ筋金入りのさだまさしだったからだと思う。
まさし　そうかな。でもフラフラしてダメなやつだよ。
タキ　そうかもしれないけど、そんなことは私たちには見えない。だって音楽を通じて、コンサートやCDを通じて、ラジオやテレビで、さだまさしを感じ、そして本を読んで。全部みんな見てるからね。
まさし　ああ、そうか。そういう意味では幸せですよね、僕はね。
タキ　幸せです。ファンもそうだし、私もさだまさしが揺るがぬさだまさしでこれからもあってほしいと、いつもそう思ってる。

まさし　ありがとうございます。

シヅエ先生に『偶成』を聴かせたかった

まさし　2022年にリリースしたアルバム『Koi（孤悲）』の『偶成』を、シヅエ先生に聴いてほしかったねぇ。

タキ　本当聴かせたかった。

まさし　怒られるかな。

タキ　いや、笑うと思う。まず、「よくぞここまで気がついた。あなたは成長したわね」ってきっと言うと思う。

まさし　ただね、あの歌にはエスプリがない。どこかでシニカルな視点、毒って必要なんですよね。それがちょっとなさ過ぎて、普通に手のひらに置いちゃったなと反省しています。

タキ　過去を振り返ってね、こういうときもあったかな、こういうときもあったっけ。でも、こういうふうに僕は乗り越えてきた。で、こうだったよな。あんなとき、あんなこと言ったけれども、こうだったよな。ああ、あの先生がこう言ってくださってこうだったよな。それは全部あなたの人生のプロセスなんだから、今の段階ではそれでいいんじゃない？　私、『偶成』が大好きなのよ。

まさし　本当ですか。

タキ　大好きなの、リズムもいいし。

まさし　でも、「年取ったみたいなこと言うな」とメールで叱られたよ。

タキ　そうだっけ。私が叱った？

まさし　うん。「年寄りじみたこと言うのはまだ早い」と書いてあった。でも『偶成』のことはすごく書いてくださってた。

タキ　まさし君、自分をいい時期に振り返ったなと思ったけどね。

まさし　そうですよね。これからはだんだん年老いていくから、そうすると身体動かなくなると闘えなくなるんで、闘えるうちにちょっと闘っておきたいかなと思って。

タキ　そうそう思い出した。あなたが取材を受けて「そろそろもう歌は引退を考える」とか、「どういう幕引きにしようかなんて考えたことがある」と言ってたのをどこかで読んだのよ。それで「年寄りみたいなことを言うな」とメールしたのよ。

まさし　あ、それで僕は叱られたんだっけ？

タキ　そうそう、それで叱ったのよ。

まさし　何言ってんのって。それだ。「やめるとかそういうこと考えるな」と書いてあった。

タキ　それで、今回の『偶成』の歌詞でも、できる限り歌う、死ぬまで歌っていられたらいいなという、そういう願望も感じて、「いいな」と思ったわけよ。

まさし　（笑）いや、本当にね、うるさい姐さんがついていますから。怖いんですよ。

タキ　（笑）

それがあなたの存在理由

まさし　ときどきメールで勇気づけられたり叱られたりするのは本当にありがたいことだけど、自分が音楽のジャンルを離れてね、例えば、西日本豪雨災害のときにお節介にも、誰に頼まれたわけでもないのに現場に入って、「何か足りないものある？」とか「俺にできることとある？」とか言う。東日本大震災のときから、そうしたことができるようになった。それでもね、そうしたことが気に食わない人がけっこういてね、歌い手がウロウロしてるのをよく思わない。

そのことでちょっと悩んで「僕はやっぱり音楽以外のことをあまりするべきではないんだろうか」みたいなことをタキ姐に聞いたことがあるんですよ。そしたらね、「何を言ってるんですか。音楽をやりながらそういうことができるってことが、あなたのレゾンデートルですよ」という言葉を投げかけられて。レゾンデートルって言葉自体、久しぶりに聞いた。

タキ (笑)

まさし 1960年代、70年代の言葉だなと思って懐かしかった。でもそうか、レゾンデートルって、俺のレゾンデートルってそういうとこかと思って、すぐ『存在理由～Raison d'être～』ってアルバムを作りました。

タキ そう、そう。

まさし やっぱり存在理由というのは至る所にあるのね。生きがいとか言っちゃったほうがいいのかもわからないけど。でもそうして教わった。

タキ 自分では気がつかないことってあるからね。だからときどき、身近な自分を見ててくれる人がチョロッと一言伝えるだけでわかることもある。

まさし　だいたいみんな、自分ではけっこうバランス取れてると思って生きてますから。

タキ　（笑）まあ、そう思い込もうとしているかな。

まさし　でも、不安なところもいっぱいあるじゃないですか。

タキ　うんうん。

まさし　そこを叩いてもらったり、ちょっと押してもらったりする、そんな人がいるってことの幸せがありますね。

タキ　でも私、いつも思ってるの。私の言う言葉は、天からの母の言葉を介して言ってるだけの話。

まさし　そうだろうなぁ。

ふたりとも12～13歳で自立した

タキ　たしかに私の母は、並の母じゃなかったけれど、あらためて思うのは、小学校を卒業して中学のときに、まさし君はヴァイオリン一つ持って東京に出てきてるわけじゃない。

まさし　一人でね。13のときに。
タキ　それと似てると思うの。私、一人でアメリカ行ったの12歳なんですよ。
まさし　それがすごいよね。フレンドシップか何かで行ったの？
タキ　そういうのではなく、母が「Moral Re-Armament（道徳再武装運動）」の国際会議にすでに出席してたの。この運動は、アメリカの宗教家、フランク・ブックマン博士が提唱した平和運動で、「精神的道義を通じて人類の和合を説いた」ものだったの。当時はアメリカ・ミシガン州のヒューロン湖内のマキノ島とスイスのコーで、隔年で国際会議が開かれていたのよ。
まさし　それに最初くっついて行ったの？
タキ　いいえ、私が一人であとから追いかけて行ったのよ。母から国際電話がかかってきて、「主催者が12歳のあなたを招待したいと言ってくださっているけれど、来る？」と言われて、私、「行きたい」と言ったら、「じゃあパパに聞いてごらんなさい」。パパは、「お前さんはどうしたいんだい？」「私行きたい」「じゃあ、行けばいいじゃない」って。母をたずねて三千里。
まさし　カッコいいね。
タキ　12歳のときはすでに父は、65歳ですよ。言葉のできないかわいい娘を異文化の外国までポンと送り出してくれた。

まさし　言葉はできなかったの？

タキ　できない、できない。一言も話せない。

まさし　でも、日本語は達者だったでしょ、人一倍。

タキ　あー、そうね（笑）。

まさし　だから、どうにかなると思ったんじゃない？

タキ　（笑）

まさし　そうかぁ。加藤勘十先生も「お前が行きたきゃ行け」と。

タキ　うん。「一人だよ」「大丈夫」と言って、背中を押してくれた。1957年だからまだプロペラ機。ミシガン湖までウェーク島（北太平洋）とホノルルを経由して、サンフランシスコだったかな。トランジットして行った。

まさし　当時はまずウェーク島だったの？　ウェーク島に降りた経験のある人って今いないよね。

タキ　まずウェーク島、次にホノルルで給油してサンフランシスコ。そしてミシガン。

まさし　なんだかえらい長旅だね。

タキ　時間は憶えてないけれど、給油で2時間ぐらいずつ止まってるわけだからすごくかかったでしょうね。

まさし　昭和32年。まだ長嶋茂雄がプロデビューする前ですよ。

タキ　そうなのね（笑）。1ドルが360円の時代。

まさし　一人でミシガンへ行った。それで？

タキ　母が国際会議でそこにいたの。世界中から800人ほど集まるボランティアの会議。

まさし　当時、ボランティアという言葉があったんだ。

タキ　AAR Japan（難民を助ける会）をのちに設立された相馬雪香さん（平和活動家、「憲政の神様」と言われた尾崎行雄の三女）と一緒に母は参加していた。それから、渋沢栄一氏の曽孫、雅英さんとそのご家族、お子さん（栄一氏の玄孫《やしゃご》）たちは3歳と5歳で、一緒に私たち遊んでた。私とほぼ同い年の笠置シヅ子さんのお嬢さんもいましたね。

その国際会議がすごいと思ったのは、私、英語もできない12歳で、まだ日本から着いたばっかりで何もわからない。にもかかわらず、みんな一人ずつ役割があるわけ。例えばトイレ掃除、ベッドメーキング、お料理……。もういろんな役割があるの。で、「何やりたい？」って聞かれたので、子どもだからどうせやるんなら面白いことやりたいと思って、ダイニングルームのサービスがやりたいって言ったの。なにしろ８００人いるわけだからダイニングルームの仕事もいっぱいあるわけです。どうせならメインテーブルのサービスをやりたいって私言ったわけ（笑）。

まさし　はぁー。

タキ　図々しいというか怖いもの知らず。で、普通なら、12歳で言葉も話せない、来たばっかりの女の子がそんなのやりたいって言っても、「それはダメ」って言うでしょう？

まさし　うん、言うね。

タキ　でも、「OK, you do it」とあっさり言われた。「で、どうしたらいいんですか。もしお水こぼしたりしたら、どうしたらいい？」「あなたはこぼしたらどうしたらいいと思う？　あなたがこぼされたら、どうしてもらいたい？」「まず謝って、拭いて」「そうすればいいでしょ？」。これ英語でちゃんと通訳の方がしてくださって。

少女でも外国人でも信頼する。責任を持たせる。公平に接する。いやぁ、子ども心に、「よし、頑張るぞ」と思った。

タキ うーん！

まさし そういうふうに子どもでも一人前の人格の人間として扱ってくれるアメリカ人の民主主義に私は驚いたわけ。

タキ それはすごいねぇ。

まさし 日本だと普通は、「ダメ」「危ない」「そんなこと」「それはそれは」。

タキ ああ、そうか。「やってみたら？」「失敗したら？」「君ならどうしますか？」「謝る。拭く」「それでいいじゃない」。

まさし そう。で、「次から気をつける」。

タキ そういう教育って日本人で受けた人少ないですよ。

まさし そう思います。

ルールとマナーの違いはどこから？

まさし それと今ちょっと驚いたのは、ボランティアの会議といっても昭和32年でボランティアって発想自体、日本にはないです。

タキ　ないよね。

まさし　まったくないです。１９９５年の阪神・淡路大震災のときでも、ボランティアという発想はまだ定着していなかった。だって、ボランティアで片づけに来た人が、「弁当はいつ出ますか」と言ってた時代ですから。それが２００４年の新潟県中越地震を乗り越えて、２０１１年の東日本大震災でやっと、ボランタリーってのはどういうことをするのかがおぼろげに見えてきた。だからようやくここ数年の災害でボランティアという人たちが現れた。

　タキ姐が経験したのは１９５７年でしょ？　何をもって進んでいる、遅れていると言うのか、とても難しいけれども、少なくとも人を一人育てるという環境を作ることに関しては、日本という国はものすごく遅れてますね、何でしょう、これ。

タキ　「Do not」とはちょっと話がはずれるかもしれないけれど、例えば英語だと、「この芝生に入るな」って否定的に言わないで、「Keep away」とか「Keep off」とnotを使わず肯定的に表現するわけ。けれど、日本語は、「この芝生に入るな」というように、すべてが「○○してはいけない」というネガティブな感じで注意する。だから、言葉から来る考え方、思考が常にポジティブなのと、常に否定されて、じゃあどうしよう、じゃあどうしようっていうのと、長年の間にはだいぶ違ってくると思う。

でもね、タキ姐、それは今の日本にもいっぱいあって、それはルールとマナーなんですよ。今でも日本人は、ルールという線引きとマナーという自分の許容量が、同居できてない。だから「これはルールです」と言われると、従うんです。「これはマナーです」と言うと、「別にいいじゃん」となるわけですね。

その違いはどこから来たんだろう。アメリカにはプロテスタントという宗教があるから宗教の概念というものを濾過した道徳観だとかマナーだとかっていうものが、やっぱり子どもの頃からずーっとあって、それを教えてきてる成果かもしれない。だからと言って、みんなが宗教に熱心なわけじゃなくて、みんなの自由を認めるっていうのは、まだ当時のアメリカにはあったのかもしれない。最近のアメリカはなんだか口先だけになってきたようにも見えるけど。タキ姐の今の話を聞くと、なんかちょっと羨ましいね。

まさし　でもね、僕も13歳で東京出てきたでしょ？　あんまり制約はなかったね。

僕はポジティブな選択をしてこなかった

タキ　やっぱり自分で考えさせられたんじゃないの？

まさし　ていうか、自分で考えるしかない。

タキ　で、自分で責任取るしかなかったでしょ？　だって故郷は遠いわけだから。今みたいにスマホで「どうしたらいい？」と聞くわけにもいかないし。

まさし　まったく家には連絡は取れなくて、下宿にいる以外は、あとは学校に通うだけでしょ。学校の仲間と向かい合って、要するに決めるのは自分っていうことを13歳からさせられてきたから、そういう意味では、ほかの親と暮らしてる子どもと比べると、タキ姐が言う自由さがだいぶ違ったかもしれない。

タキ　ご両親は、まあ、ほかにごきょうだい（繁理《しげり》、玲子）もいるけれども、あなたが行きたいと言ったら、「じゃあ行ってみれば？」ってそういう決め方？　それとも、だいぶ反対されて、あなたが「僕は自分でヴァイオリンをやってみたいんだ」ということで一生懸命説得したの？

まさし　一度もないですね、説得したことは。

タキ　じゃ、「お前さんがやりたいなら、やってみるか」って？

まさし　ヴァイオリンをやるときも、「お前がやりたいって言ったんだよ」と母は言うんだけど、記憶はないですよ、3歳だったし。で、始めてしまうと、「この子は才能がある」と先生が言って、コンクール受けさせようということになって、博多まで出かけてコンクール受けて、それで賞をもらったとなると、騒然とするわけですよ、狭いヴァイオリン界は。「あそこに天才がいるんじゃないか」って言われて、東京の先生も、年に一度夏休みに習いに行ってた先生なんですけど、「中学から東京に出てきたら？」って気楽なことをおっしゃるわけだ。鷲見《すみ》三郎という名伯楽ですけどね。あの当時の名ヴァイオリニストはみんなその先生の弟子ですよ。

「鷲見先生が言うんだから行けば？」って誰も言わないけども、「あんたどうする？」って僕は聞かれましたね、母に。で、タキ姐と違うところは、僕、臆病だったから行きたくなかった、本当はね、東京なんかに。だけど、ここで「行かない」と言うと母がガッカリするかなと思ったの。で、「行く」と言ったら、「あぁー」ってため息ついてね、「じゃあ、行きなさい」。

ヴァイオリンやめるときも、高校3年になった直後に、俺は芸大には1浪ぐらいしないと受からないなと思ったし、1浪してまで芸大に行く価値が自分にあるかと思ったときに、別の人生を歩いたほうが、早く養育費を取り戻せるなっていうことがあって、父に「ヴァイオリンをやめようと思う」というのを言いましたね。言ったのは高校3年の夏休み。

タキ　そのとき、どんな反応だったの?

まさし　父はしばらく考えてましたね。だけど、「まあ、お前の人生だから、思った通りにしろ。ただ、お母さんに今言うと、とてもショックを受ける可能性があるので、僕が折を見て言うから、お母さんには言わんときなさい」と。でも僕の父は結局言わなかったね。

　僕が大学をやめるときも、父に「僕は大学にこのままいても留年するに決まっているし、もう3年になれないので、やめようと思う」と言ったら、父は、「いや、大学は出とかないか?」と言いましたけどね、「いやぁ、もうそういう時代じゃないと思う」と言ったら、「うん、そうか。じゃあ、お前の人生なんだから、思ったようにしなさい」と。「だけど、お母さんには言わんときなさい、ショックを受けるから。僕が折を見て言うから」。でもそこでも父は言ってないです。

で、結局うやむやにして、僕はその後、20歳のときに飲み過ぎと働き過ぎで身体を壊して長崎に逃げ帰ったのが歌を歌うきっかけになるんですよね。だから、本当人生ってわかんないけど、タキ姐のように自分で天真爛漫に、「あ、行きたい」「これがやりたい」というようなポジティブな考え方じゃなかったな。僕の中ではやっぱり、非常にネガティブな選択ばかりしてきたような気がする。

二度目の留学

まさし タキ姐の話を聞いてすごく羨ましいのは、だってそれから、一度行ったアメリカに味をしめて、今度は留学するでしょ、真面目に。その辺の発想がすごい。

タキ その2年後に同じ会議（隔年開催の同じ国際会議）があって、今度ははじめから一緒について行きたいと言ったの。英語をやっぱり物にしたいと思って。

まさし やっぱり英語を喋りたいと思った？

タキ 「あなたは何か独り立ちできる生活費を稼げるだけのものを身につけなさい」と小学生の頃からいつも母に言われてたから、それは何なんだろうと思っていた。英語にすごく興味があったこともあった。せっかく耳から入り始めた英語だったから。

で、2年後に行ったら、さっきの渋沢栄一さんの玄孫さんたちが5歳と7歳

になっていて、今度は英語で話しかけてくるわけ。私に通訳してくれるの、5

歳と7歳の子どもが。

まさし　それは悔しいね。

タキ　ほんと、もう悔しくて。何、ガキんちょのくせに、なんて。しかも、たった2年いただけでこんなになっちゃって、私は相変わらず全然できなくて、これはどういうこと？　あ、居れば覚えられるわけ？　と思って、こりゃいい機会だから、私は残りたいと母に会議閉幕後のホームステイ先を探してもらいました。

まさし　パパとママから離れるという不安はなかったですか。

タキ　なかったわね。

まさし　ない？　すげえ。

タキ　私、とにかく父が53歳、母が48歳のときに生まれてるわけだから。当時の平均寿命は男女共に50歳前後のとき。いつ私が一人ぼっちになっても不思議ではな

い年齢の両親の元に育った。明日、両親がいなくなって路頭に迷うかもしれない。だから、常に自立を意識していた。

まさし そんなこと本当に思ってたの？

タキ うん。だって、「多喜子ちゃんのお父さんとお母さん、年取ってんのよね」とか友だちにも言われちゃうんだから。

母も「あなたがいつ一人になっても大丈夫なように意識していましょう」というようなことは言ってたわね。

まさし まあ一般的にいえば、おじいちゃん、おばあちゃんみたいなものですね。

タキ そう。すでにそのときは父が70近く、母も60を越えてるわけですからね。まあ今の時代だったらまだ若いかもしれないけど。彼らは常に、「お前さんがそう言うならやってみなさい」と、背中を押してくれていた。そこで私、自分で当時通ってた学校の担任の先生と校長先生に手紙を書いたの。「こういう事情でせっかくのチャンスをいただいたから私はアメリカに残って勉強したいけど、義務教育を2学期、3学期丸々休むことになる。どうしたらよろしいですか」。すると「卒業試験ないし編入試験に間に合うように3月には帰ってらっしゃい」と返信がきた。「素晴らしいチャンスだから頑張りなさい」って先生も後押ししてくださったのね。

まさし　ああ、いい人に巡り合ってるんだ。

タキ　そう、巡り合ってる。それでニューヨーク行って、ホームステイを始めて、さあ学校行こうと思ったら、中学3年生にもかかわらず、英語が全然わからない。結局私の英語の能力だとやっと小学1～2年生レベル（笑）。

まさし　小学1年生から始めた？

タキ　いや、始めなくちゃいけないと言われて、小っちゃい机、小っちゃい椅子で、こんな子どもたちの中で、英語を身につけるとはいえ、小学校の勉強からするのは違う、と。それで日本から全部教科書取り寄せて、半年独学したの。

まさし　それはシヅエ先生が送ってくださった？

タキ　父が送ってくれた。で、日常生活は英語で、中学の勉強は一日6時間以上を自分に課して猛勉強した。

理数系は散々だった

まさし　タキ姐はそれまで勉強はできたほうだった？

タキ　普通より上くらいかな。小学校のときはできたんだけど。送辞とか生徒を代表して挨拶文とか読んだぐらい。

まさし　じゃ、優秀な生徒じゃないですか。

タキ　要領がいいの。

まさし　でも、理数系ダメでしょう？

タキ　もう全然ダメ（笑）。

まさし　僕もね、数学は加減乗除以外できない（笑）。微分積分できない。

タキ　そんなことは聞かないで（笑）。

まさし　僕、社会と国語は優秀だったんだけど、理数系ダメだった。僕の高校の担任は国語の先生だったんです。担任の先生って自分の専門科目の点数つけたら他の先生に回すのね。それぞれの教科の先生が生徒一人ひとりの、例えばさだの成績を書いて、担任の先生はそれあまりちゃんと見たりしない。卒業して4年経ったぐらいに年始の挨拶に行ったとき、先生に言われた。「俺は国語しかお前に教えてなかったから、お前は抜群に優秀な生徒だと信じ込んでたんだけど、お前、国語、社会科以外はバカだったんだな」って言われて、「先生、今頃気がついたのかよ」と言ったんだけど、そのぐらいね、あんまり左の脳は発達してなかった。だから、たぶんタキ姐見てるとね……。

まさし まったく同じ。

タキ だろうなって。

まさし 高校進学のとき日本に帰ってきたら、自分で独学したあとの数学だからもっとわからなくなっていた。

タキ （笑）

まさし 特に代数が全然できなくて。

タキ 音楽は？

まさし 音楽はよかった。音楽とか図工とかはよかった。

タキ 音感はいいんだね。耳がよくないと語学ダメだもんね。

まさし そう。

タキ それで英語に自信がついたのね。

まさし いや、それでも当時、高1と高2の学生を対象にＡＦＳ（アメリカンフィールドサービス）という交換留学制度があって、私、2回試験受けて、2回とも落ちた。でも落ちて当然だった。だって行きたいという気はあるのに、ちゃんと勉強していなかったから。その点、のほほーんとしていたわね。

まさし　ポジティブと言えばポジティブなのかな。事の重大さに気づいてない。

タキ　気づいてないの（笑）。

まさし　素晴らしいなぁ（笑）。

悔しいという思いで英語を身につけた

タキ　さっき、まさし君、大学を中退したと言ってたけども、私も日大の芸術学部を中退しているの。けっこう絵もうまかったからグラフィック・デザイナーになりたかったの。

まさし　グラフィック・デザインをやりたかったんだ。

タキ　そう。だけど実技のクラスになったら、私よりうまい人がクラスで5人はいた。ということは、上の学年、下の学年、ほかの学校……。私、とてもじゃないけど三流にもなれないわと思ってすぐやめたの。そのときも父と母に、「すみません、せっかく入学金を払ってもらいましたが、私、とてもこの道じゃ成功しない、やっていけないから、やっぱり英語に戻りたい」と言って、それで、「また留学させてください」と言った。ところが官費留学のいろいろな試験は全部落ちちゃった。

受けてみてわかったんだけれど、こうした留学試験は大学卒業レベルの試験だったのね。そんなこと知らないから、ほぼ白紙の解答。「なんて傲慢な人間だったんだろう私は。ただ英会話が多少できるからといって、受験勉強もきちんとしないで受けた、この18歳の傲慢さ」。今思うと我ながら呆れるわね。

まさし　それで一念発起したの？

タキ　親はそれでも留学したいなら自分で方法を調べなさい、ということで約1年間、英語のラボ教室で英語漬けになりながら、自分でこまめに歩いて必死に調べた。もちろんネットなんて便利なものはない時代だからね。それで、アメリカン文化センターへ行って、外国人用の英語学校がワシントンDCにあることがわかったの。そこだったら学生ビザを出してくれると知り、まずそこに行こうと。そしてそこにいる間に全米の学校に通じる試験を受けて、かろうじて入った。そこは、オレゴン州ポートランドという小さな静かな町にある短期大学。

ニューヨークやロサンゼルスのような華やかな大都会の大学に行ってしまうと、ただでさえ言葉がわからないので、より孤独感に悩むと思ったのと、高齢の両親に万が一何かあったとき、西海岸なら多少でも日本に近いからという気持ちもあったわね。それと英語の標準語を喋るところがいいというのもあった。

まさし 僕もオレゴン州のポートランド行きましたよ。

タキ 今は発展してすごいらしいけれど、当時は本当に静かーな、穏やかーな町でした。

まさし 綺麗な町でしたよ。

タキ そうでしょ？　都会ではなくてね。今はなんか都会になったらしいけれども。

まさし 中心街はそうでしょうけど、今でもちょっと離れると穏やかな、アメリカの典型的な田舎って感じですよね。

タキ そう。

まさし オレゴンにいたんだ。

タキ オレゴンに2年いた。

まさし そこで英語はもうほぼ。

タキ そうだけど、今から考えると悔しい思いをずいぶんしてる。教室はいつも必ず先生の目の前、真正面の一番前に座って、かじりついて話を聞いて、授業外にもいつも質問をしに行って。だけど、最初はみんなの前で質問されると何言われてるかさっぱりわからないから「I'm sorry」と言って座ると、みんながワーッて囃して。あなたたち、自分の国の言葉で勉強してるんでしょ。私、外国まで来て寂しい思いして、お金使ってこうやって来てるの、今に見てろ、私だってって。そうやって頑張って、2年で卒業するときには、その学校始まって以来の外国人優等生という賞状をもらった。

ホームステイ先での環境も大きかった。ホームステイ先には私専用の勉強部屋なんてないわけ。だから最初は食卓で勉強させてもらっていたんだけど、みんな出入りするし、テレビはついてるし、なかなか集中できない。で、ほかにないかなと思って探して、地下室の倉庫を勉強部屋にさせてもらったの。そこはガラクタだらけで、窓もないところ。そんなところに裸電球みたいなのを置いてもらって、そこで集中するしかない状態に自分を追い込んだの。それが私には大きかったな。

あれがもし外が見えるような素敵な部屋だったら、しょっちゅうポケーッと、「日本帰りたいなぁ」とかって思ってたかもしれない。

まさし それはすごいね。その発想自体がただ者じゃないのよね。やっぱりシヅエ先生の宇宙観なんだね。それで英語を身に付けた。

タキ　それとね、英語を学ぶには、今はいろんなツールがあるし、学校もいろいろあるから、外国行かなくても言語というのは学べると思う。

でも、私は何がよかったかというと、やっぱり2年間ホームステイしたことで、家の手伝いもその家の子と同じように普通にやったし、その後、8週間スタンフォード大学の寄宿舎でも暮らした。そういうことでアメリカ人と日本人のものの考え方の違い、同じことを表現してるのに、言い方が違うというのを私は身をもって学んだのが大きかった。

まさし　それがタキ姐のキャリアにつながるわけだ。

第3章

世界のスターに学んだこと

コーディネーターとしてのキャリア

まさし　1970年代から80年代、タキ姐はあの頃、日本人の誰もやらなかったことやってたんですよ。

タキ　もう50年も前の話。そう考えるとすごいわね（笑）。

まさし　そう。だから、話聞いとかないとダメなんですよ。

タキ　オードリー・ヘプバーンさんと初めて撮影でお目にかかったのは1971年でしたね。

まさし　おお。

タキ　1970年から交渉に1年かかって、71年に初めて彼女のローマのお宅をお訪ねしました。

まさし　タキ姐、26歳のとき。

タキ　そう。

まさし　僕がバンド「グレープ」で歌いだしたのは72年なんですよ。僕、20歳です。その頃まだ日本では「ショービジネス」という言葉も確立してなかった。

タキ　「ショービジネス」ってもともと、ラスベガスのホテルなどでのディナーショーやコンサートやライブハウス、ブロードウェイのミュージカル、テレビ番組などで主に音楽活動をするアーティストたち、そして、彼らを支える海千山千の誰もが「自分はナンバーワン」だと思っているマネージャーやエージェント軍団で成り立っていたのね。

だいたいマネージャーとかエージェントと私たちは接するわけなんだけど、本当に彼らはなんでも「自分が、自分が」。「だからどうしたの？　So what?」と言いたかったけど、そこはぐっと我慢して、「Yes, yes」と言って聞いてましたね。当時は「ショービジネス」イコール「モンキービジネス」と言われてたの。

まさし　モンキービジネス？

タキ　サル山のサルみたいな話よね。しょっちゅう「自分は一番」と思ってやってないと、すぐ足を引っ張られちゃう。「ショー・マスト・ゴー・オン」とよく言うけど、そのショー・マスト・ゴー・オンはオンステージの話であって、私たちの仕事はモンキービジネスの中では裏の裏なの。

まさし　そのショービジネスをコーディネートするという概念がそもそもなかった。

タキ　そうね。

まさし　だから、タキ姐がやろうとしたことは当時は誰もやらなかったことで、仕事になると誰も思ってなかったこと。

タキ　その頃は、情報はタダ。何か交渉してもタダの時代に、それをお金に換えるわけだから(笑)。お金にするっていうのは大変でしたね。

まさし　だからタキ姐は、コーディネーターという新しい職業を作ったわけですよ。

タキ　まあ、そうかもしれない。コーディネーターというのは、仲人役、潤滑油役、調整役。私の場合はアメリカ留学で日本との生活習慣の違いを知ったってことが本当に役に立った。

まさし　タキ姐の前の時代、僕らの少年時代、ハイソサエティな人の代表格は兼高かおるさんだったのね。

タキ　そう。私も憧れてファンレター出しちゃった。

まさし　やっぱり？『兼高かおる世界の旅』（1959〜90年）というのをテレビでやってて、みんな、ハイソサエティってこの人のことだなと思ってた。でも兼高かおるさんは、旅をして歩いて、面白いことをたくさんした人だけど、それを仕事にはしなかったね。

タキ　テレビの番組にはなさったけども。
まさし　そうね。
タキ　彼女はたぶん、ご自分が行きたいところへ行ってレポートした。
まさし　ピラミッドに登ったりしてましたもんね。恐ろしい人ですよね。
タキ　ほんとすごい（笑）。
まさし　しかもはだしで。
タキ　（笑）
まさし　そのあと、加藤タキという人が出てきて、じつにこれが１９７０年代、80年代に女性の仕事としては本当に突出した仕事でした。
タキ　自分では全然そう思ってなかった。
まさし　いやぁ、女性じゃないとできないと思う。
タキ　もともと女性のほうが、どちらかというと細かいところに気がつくわけで、女性的視点を十分に生かせたというのはあると思う。
まさし　それをやれるチャンスをバンとつかめる才覚がタキ姐にあったんだろうなと思う。「これは仕事になるな」とか、「あ、これ面白いな」とか。たぶん、仕事になったのは後付けなんじゃないかな。

ヘプバーンほど素敵な女性はいない

まさし　ヘプバーンはどんな人だったんですか。

タキ　私が今まで出会った人の中で、彼女以上に素敵な女性はいません。

まさし　それはどういう意味で素敵なんですか。女性として？

タキ　女性としても、プロの女優としても本当に聡明。苦労人。

まさし　へえー。

タキ　心遣いというのかな。相手が今何を求めてるかをいち早く察知する。これは女性というよりも、プロの女優としてかもしれない。たとえ、たかがコマーシャルでも、今自分は何を求められて、何をしたらこの方たちは喜ぶかってことをきちんと把握している。

　例えばね、最初にお目にかかったとき、彼女は相手を見ながら「Mr. Sada, Sada, OK. Sada, Sada」って一人ひとり丁寧に確認しながら名前を覚えるわけ。そして、その後会話すると、「Yes, Mr. Sada」と必ず名前で呼ぶ。撮影のときに日本からは私以外は男性だったんだけど、みんな「自分の名前、あんなにすぐ覚えて、え、呼ばれちゃったよ、僕の名前」となって、彼女のためなら何でもしてあげようって気になるでしょ？

71年当時、一緒に行った日本の男性は全員が中肉中背、ほぼ全員がメガネをかけてて、全員がグレーか紺のスーツ着て、皆さんカメラをぶら下げていた。だから、彼女はどうやって覚えたのかわからないけど、その後の会話で「Yes, Mr. Takahashi」「Yes, Mr. Iwasaki」と呼びかける。もうみんな、それだけで感動した。これから2週間、一緒に仕事をする人の名前を覚えるのは当たり前というプロ意識。

まさし 周囲への気配りというのは、それは彼女の少女時代の戦争体験も、やっぱり大きく影響してるのかしら。

タキ 生い立ちのこともあるかもしれない。イギリス系の父と、オランダの貴族の血を引く母のもとに生まれたけれど、なぜか父の愛情に恵まれず、母の薫陶を受けて育って、バレエに打ち込んで。戦争を生き抜いてからバレエを諦め、舞台、映画に挑戦して。抜擢されてから一気に駆け上がるまでに、やはり相当努力して身につけたものだと思う。

まさし 彼女は本当に厳しい少女時代を送ってるじゃないですか、戦争のために命すら危険な状況がずーっと続いて栄養失調で、とにかくどうにもならないような状況だったと聞いています。

タキ　そう。戦争中はオランダの母方の祖父の家で暮らしていて、ドイツ軍が侵攻してきた日の恐怖を覚えていると言ってたわ。食べる物がなくて苦しんだこと、連合軍とドイツ軍の激しい戦場になったこと、そして戦後、ユニセフの食料、医薬品配給の恩恵を受けたことが、後年の彼女の行動に繋がるのだけれど、戦争体験は大きいわね。

まさし君のご両親、私の両親もそれぞれ重なる部分があるでしょう……。

ところで彼女とのエピソードは、いーっぱいあるんだけれど、この話はぜひ話しておきたいの。

1982年の2回目の撮影のときに、『ローマの休日』の彼女の写真を大きく引き伸ばしたものを背景に、今の彼女が語るという提案をしたのね。そうしたら、それまでずーっと協力的だったのに、突然「No, no」とおっしゃったので、何が気に入らなかったのかとみんなビックリした。それくらい毅然として「No」とおっしゃったんです。

そのとき彼女は53歳。こうおっしゃったの。

「この写真は誰が見ても綺麗。私が見てもそう思う。だって若かった。22～23歳ですもの。でも、あのときの私のお腹の中をどなたがご存じでしたか。お腹の中には蝶々がいつも飛んでいました、バタバタバタバタ。私の人気はいつまで続くの？　私はこれからもいい脚本家に出会えるの？　いい演出家に、いい役者さんに会えるの？　私はどうなる？　あと何年これが続くの？　もう常に不安におののいていたの。

そんな情緒不安定な私から今は人生の体験を重ね、たしかにシワは増えました。だけど、このシワは自分で誇れるシワです。それだけ多くの愛も知りました。愛する対象も見つかったし、愛されることも、その重みも知りました。今、お腹の中にバタバタと、蝶は一つも飛んでいない。その私を見てほしい。

この写真が後ろにあるということは、いつまでも私が当時の若さ溢れる自分を誇っている、この過去の栄光と人気に私がすがっていると誤解をされるのが嫌なんです。私は今、明らかに成長しているの。この写真を背景に私が今を語るってことはあり得ない。私は今、明日に向かって生きています」とおっしゃって。「でもこのシワはなるべく紗《しゃ》をかけて綺麗に撮ってね」とウインクなさったの。

まさし　今のお話を伺って、ヘプバーンが晩年に出た『オールウェイズ』って映画、あのとき僕は映画館で見て衝撃を受けたんだけど、その理由が腑に落ちた。つまり私は私という、自分というものを本当に大切にしてたのね。その真意はどこから来るかというと、僕はソフィア・ローレンが「私生児であった、しかし生まれながらにして知恵と貧困を両手にしてきたことを誇りに思っている」ということとか、ヘプバーンが厳しい少女時代を生き抜いて、たまたまあの当時、美しく生まれついてたこともあって、ハリウッドで人気者になった。そういう人たちのお腹の中の底にある自分を大切にするっていうのは、これわかります。

しかし、タキ姐にしても、ヘプバーンやソフィア・ローレンにしても、一人の女性が出来上がっていくのはすごいね。男にはおそらく理解できないような次元の違う何か凄みが女性にはあるんだね。

タキ　オードリーさんには、アンネ・フランクの役の依頼が何度もあったんですって。けれど、彼女はずーっとノーと言ってきた。なぜならば、まず生年月日がほんの1ヵ月ぐらいしか違わない。同じ1929年で彼女は5月、アンネは6月生まれ。で、同じような環境にいた。アンネは強制収容所で亡くなった。オードリーさんもオランダでレジスタンス運動の手伝いをしていた。子どものほうが疑われずに、兵士に身体検査される恐れが少ないので、秘密の伝言を靴の中に忍ばせて届ける伝令役をしたそうよ。だから、アンネ・フランクのことは「自分のことのようで、とてもじゃないけど私は語れないし、演じることはできない」とずーっと言ってらしたの。それが晩年、90年になって初めて、アンネ・フランクの日記を朗読したんです。

まさし それは何か彼女の中で吹っ切れるものがあったんだと思う。まさし君がさっき、「自分が歌ってこそ、さだまさしなんだって自分の存在理由がわかるような気がした」と言ってくれたように、オードリー・ヘプバーンさんも、ユニセフの大使になって初めて募金活動をしたときに、ものすごいお金が集まったんですって。で、「このために私は女優をやってきたんだ」と感じたというの。ああ、それは、すごく僕はよくわかります。東日本大震災のとき、音楽家なんて何もできない。だけど、支援コンサートをやろうといって西日本でやろうとしたら、本当にたくさんの人が寄付をしてくれた。コンサートにも来てくれた。で、東日本大震災の被災地へ行って、例えば時間があったら歌いますって言うと、ビックリするほどたくさんの人が集まってくれた。そのときにやっぱり、ああ、そうか、さだまさしというのはこういう役割なんだってことを僕は感じたし、それで「風に立つライオン基金」を作ろうというのも、実際はその辺から動きだしたのですよ。

だから、僕がさだまさしでなかったらば、まあ、平仮名のさだまさしなんてパスポート一つ取れませんから架空の人物なんですけど、その架空の人物に僕はなったから、架空の人物に対して皆さんが反応してくださるってことがよくわかった。おそらくヘプバーンさんも同じことを感じたんだね。なんて普通の人なんだろう。

タキ

そうなの。本当に普通の感覚、真っ当な意識の人でした。

世界の庭園がテーマの番組で来日され日本庭園を回られていたとき、ご自分で衣装にアイロンをかけ、ヘアメイクもなさって。「だってね、このプロダクション小さくてお金ないから。私だって主婦ですもの。アイロンだってかけます」と平然とおっしゃった。

そうそう、「風に立つライオン基金」では、忘れないうちにお礼を申し上げたい。私が長年ボランティアで関わっているＡＡＲ Ｊａｐａｎ〔難民を助ける会〕では、ここ数年、カンボジアとルワンダでの支援活動に対し、助成金を頂戴しています。ありがとうございます。

まさし　とんでもない。もともと『風に立つライオン』という歌が、アフリカに行って巡回医療をしているお医者さんを歌ったものなので、海外で頑張ってる日本の医療関係者、教育関係者を支援できたらいいなってことで始めたんですけど、やっぱり目の前の災害に対応しないわけにいかないから、今は日本が多くなっちゃったんですけど、でも、細々と、今8ヵ国で頑張ってらっしゃるお医者さんとか看護師さんとか、残念ながら教育者まではまだ手が届かないんだけども、本当にそれらの国のために頑張ってる日本人はたくさんいらっしゃるんですよね。

タキ　そう、本当に。

まさし　うちも小さいから全部には手が届かないけども、手が届く範囲で僕らもリサーチしないといけないし、勉強しなきゃいけない。

タキ　そうそう、リサーチがすごく大事。

まさし　本当勉強しなきゃいけないんですよね。

　それで、ヘプバーンに話を戻しますが、彼女がなんかタキ姐と気が合ったというのはわかるね。

タキ　でも、ふと、加藤タキってどうしてオードリーさんに信頼されたんだろう、と思うときはある。彼女のエージェントであるカート・フリングス氏は当時、エリザベス・テイラー、リチャード・バートン、マーロン・ブランドを請け負っていた強者で、まず彼を説得し交渉が成立したことで信頼されていたというベースがあったにせよね。

まさし　加藤タキだからだね。

タキ　どうなんだろう。いつも、女優ではなく、ひとりの人間としてのオードリー・ヘプバーンに真心を込めて、正対で向き合っていたというのはあるけれど。この人だからあの人だからと関係なく。

まさし　そこがタキ姐の筋が通っているところ。

「頭の中はみんな違う」

タキ　これは母親に本当に感謝しているの。みんな、悲しいときは泣く。みんな、怪我すれば赤い血を流す。みんな違うけれど同じ人間なのと言われたことがあって。

まさし　加藤シヅエという人が作った何かがあるんだろうな、人格にかなり強い影響を与えてる。

タキ　3歳のときにそう言われたの。私、初めて自分の擦り傷見て、赤い血見てワーッて泣いた。泣いてるのに母が抱き起こしてくれなくて、そうか、泣き方が足りないんだと思った。当時、公園なんてないから、荒れた焼け野原が私の遊び場だった。

まさし　原っぱね。

タキ　原っぱというか、ヤブがぼうぼう、石ころゴロゴロ、水たまりがいっぱいあるようなところ。そこに母と一緒に行ったときに、嬉しくてバーッと駆け出して、転んで、血を見てもうビックリして泣いたの。泣けば母が抱き起こしてくれるもんだと思ってたから。でも、母は近くに来て、膝を落として、目線を低くして私を見たけれども、抱き起こそうとしないから、もっと泣いてやれと思ったけど、それでも全然反応がなくて、仕方ないから自分で起き上がった。そしたら私が立ち上がった瞬間に抱いてくれたのね。

まさし　カッコいいねぇ。

タキ　そのときに母はこんなこと言ったの。

「あのね、あなたが大きくなる頃にはね、世の中には、髪の毛が金色の人とか、目が青い人とか、肌が真っ黒の人とかいろんな人がいる」
　そんなこと見てないわけだからね、戦後すぐのまだ子どもの頃。
「でもね、みんな怪我すれば、同じ赤い血を流すの。痛かったり悲しかったりすると、同じしょっぱい涙流すの。だから、みんな、どんな人も同じなの。ママとあなたと顔が違うでしょ？　ママとパパも違うし、みんな顔違うでしょ？　てことは、頭の中で考えていることもみんな違うの。違って当たり前なの。あなたはあなた、ママはママ。違うけれど同じ人間なの」
　3歳のとき言われたの。いまだに忘れない。

まさし　3歳でそれが理解できたことがすごい。

タキ　ちゃんとは理解していなかったと思う。でも鮮明に私の心の中に残っている。

まさし　ただ者じゃないね、タキ姐も。それは3歳じゃ理解できないよ。

タキ　だから相手がどんなに偉い人、有名人、さだまさしのような人気者でも学生さんでも世界的なスターでも、私は変わらない。それがオードリーさんに伝わったのかもしれない。

まさし　あ、そういうことか。オードリー・ヘプバーンもそういう人なんだね、きっと。

タキ　そうなの。

まさし　ああ、そのつながりって素晴らしいな。ただの仕事仲間でもないし、仕事で知り合って縁があるから付き合っているわけでもないんだね。本当に信頼感がある。

タキ　彼女が国際電話をかけてきて「タキ、あなたの名前と住所と電話番号を友だちに教えてあげてもいい？　私の友だちが日本に初めて行くんだけれど、どなたを頼っていいかわからない。タキの名前出していい？」「もちろん」ってそういう感じで。

まさし　普通の友だちじゃん、それ。

タキ　うん。

まさし　いいねぇ、ヘプバーンとマブダチ。

タキ　はい（笑）。

まさし　カッコいいねぇ。

タキ　でも、私には使命感があると思ってる。彼女から私が感じたこと、学んだことを、私の言葉でできる限りチャンスを見つけて話していかなくてはならないと思っている。精神を伝えていかなくちゃ。それはみんな普通にできることばっかり。特別なことじゃないんだもの。

まさし　いや、特別なことなんですよ、それは。

タキ　オードリーさんのことで最後にひとつ。

母親と自分たち子どもを捨てた父親を、後年、彼女の最初の夫、メル・ファーラーの手助けで探し出し再会。感情的な和解はできなかったけれど、生涯経済的援助はなさったとのこと。彼女の心の傷の原点だったようです。

本当に愛情が深く、人としてスケールが大きかったわね。

始まりはモンキーズの通訳から

タキ　私の仕事はそもそもは通訳から始まっているの。

まさし　通訳だったのね。

タキ　はい。モンキーズの通訳。それがいつか普通の通訳だけじゃすまなくなって、結果的にコーディネーターをやることになっていくの。

通訳は自分が感情移入することなく、正確に異なる言語に置き換える役割。コーディネーターというのは、さっきも言ったけど仲人役、潤滑油役。AさんとBさんを引き合わせて、結ぶわけでしょう？　で、それが双方にとってメリットがある結びつきにならないといけない。そのためにはAさんのことを勉強して知り、Bさんのことを勉強して知り、双方のいいところをしっかり頭に入れて、間に立って話を通訳する。そのときに、言わなくていいことは言わない。けれど、本当はこの人、口ではこう言ってるけど心の中ではこういうふうに思ってるに違いないって私が勝手に判断して、そっちの深層心理のほうを伝えるのね。

まさし　意訳ってやつですね。モンキーズのときに、普通の通訳じゃすまなくなったって何があったの？

タキ　1968年に彼らが初来日したときに、私は23歳。ホテル・ニュージャパンに泊まっていらして、ロビーにはカメラマンの方たちとかファンの子たちがいっぱいいる。モンキーズのメンバーがちょっとでも出てくると、「ヘイ、ヘイ！　ピクチャー、ピクチャー！　スマイル、スマイル！」ってカメラを向けるわけ。するとさっき言った「俺が一番」というマネージャーが出てきて、「あんたたちは何だ。取材なんて契約にない」って言うわけ。

でもファンにしてもカメラマンにしても「何このおじさん、何言ってんの？」。そこで私が「契約にないそうですから、写真は無理だそうです」と伝えるんだけれど、「そんな契約書に何て書いてあるかなんて、俺たちの知ったこっちゃないじゃない」と言うから、「そうなんですけど、とにかく契約書に書いてないことはできないんだそうです」とはじめはやっていたわけ。そうすると私が毎日責められるわけ。「ちょっとお姉さん、いつ写真撮れるのよ」「だから契約にない……」「そんなこと俺たちの知ったこっちゃない」と堂々巡り。

まさし　それは災難だねー。まだ23歳の娘さんが。

タキ　私、本当トイレ行って泣いてました。なんでこんな仕事を受けたんだろうって。１日２０００円、10日で2万円の仕事だったんだけれど。

　でもそこで考えた。このままだと彼らが帰ったあとに、さんざん「あいつら生意気だった」などと新聞・雑誌に書かれるだろう、そうしたらファンも離れていく。だとしたら絶対ファンやメディアにはいい印象を残して帰ってもらうべきだと。

　マネージャーに言ってもダメだと思って、モンキーズのリーダーのデイビー・ジョーンズに直接話をして、取材を受けるべきだと言ったわけ。

「だって、あなたたち帰っちゃうのよ。何書かれるかわからないから、ファンの子たちにもメディアの人たちにも、あなたたちはいいグループだった、素敵だった、よかったたって印象を残して帰るべきだ。でも私からはあのマネージャーには話せないから、あなたたちから話してちょうだい」

一方で記者の方たちには、「もうちょっと待っててください。モンキーズは皆、好青年だけれど、あの傲慢なマネージャーが最悪なんですよね」と。「メンバーは、『申し訳ないね』と言っているのよ」。本当はそんなことは言ってないんだけれど、そこは嘘も方便で。「『大きなカメラを毎日持って来て、一枚も写真撮れなくて、会社に帰ったら上司に叱られているのかもしれないね』ってモンキーズが同情していたわよ」って。

そうしたらカメラマンたちも、「へぇ、彼らはいい性格なんだ」ってなるじゃない。「そうなんですよ。すごくいいグループなんですよ」と。そしてモンキーズには、「そう言えば記者の方たちも、『日本に来て、武道館とTBSのスタジオとホテルだけを行ったり来たりじゃつまらないでしょう。少しは外の日本を見せたいな、見てほしいな』と言って、とても気遣ってました」とこれまた嘘も方便。するとメンバーが「日本のジャーナリストたちってvery kind」と言うから、「Yes, they are very kind」って。

そうこうしていると、やっぱり心がお互いに和やかになってスムーズになってくるわけ。

ファンの子たちにも、「必ずあなたたちと何か交流できる機会を作る。もうちょっと待っててね」って。「お姉さん、本当にやってくれますか」「必ずやるから」「わかりました」「だから、キャーキャー騒がないで。ほかのお客さんたちの迷惑になるからね。モンキーズたちは、本当はあなたたちと一人ひとり握手したいと言ってたわよ」。これも言ってないんだけれど、まあ、いいやと思って（笑）。

モンキーズにマネージャーを説得してもらい、私は招聘元に事情を説明し、結局「京都で遊ぶモンキーズ」という日を1日作って、彼らもハッピー、ファンもハッピー。写真も撮れてメディアもハッピー。

それが第一歩だった。

まさし いや、すごいね。通訳なのにコーディネーターをしちゃったわけね。

そこでこんな仕事があると気づいたわけ？

タキ いやいや。そのときは「通訳がいい仕事をしたなぁ」って自画自賛ですよ（笑）。みんなが丸くおさまって、ハッピーな気分で帰って、よかったなぁって、本当にただの自画自賛。でも、それが評判になって、次にオズモンド・ブラザーズが来たときに、同じような仕事をしてくれと言われた。そのときは「通訳とお世話役を」でしたね。そんな感じで始まったのね。

そしてそのときオズモンド・ブラザーズを呼んだ青山音楽事務所の青山さんと3ヵ月ぐらいで結婚しちゃった。

まさし そんな落ちが。でもやっぱりタキ姐の仕事ぶりが伝わったんだね。

タキ そうなんでしょうね。その後、ライザ・ミネリだったり、ジョージ・ルーカス監督だったりと、結構いろんな人に気に入られて、契約書に「タキ・カトウを世話役に付けろ」と記されるぐらいになったのは、そういうところがやっぱり伝わったのかな。

まさし うん、きっとね、この人ならわかってくれてると。

タキ うん。

まさし 嫌なことは言わないし、伝えたいことはきちんと芯だけ伝えてくれるという。そんな通訳がいれば、日本人も自分は英語の勉強しなくていいもんね。

タキ (笑)

まさし 僕が英語の勉強を全然する気が起きなかったのは、中途半端に英語ができたら間違ったこと言うから。もうそれだったら、めっちゃ優秀な通訳雇えばそれで済むって、僕はそう思ってたから。

タキ その通り。

まさし だから、いまだに、まあ何言ってるかおぼろげにわかっても、英語では返事しないし。

タキ でも、私は願わくは、まさし君みたいにこれだけの語彙がある人の発想が、日本語だけじゃなくて英語でも発信されたらどんな世界になるかなって、それは楽しみなんだけど。

まさし いや、意訳できない。だって、僕の歌はトラディショナルだから、完全に日本人のマインドにしか働きかけないから。

1970～80年代のショービジネス界を駆け抜けた

まさし タキ姐がポートランドやスタンフォードを通じて身に付けた、アメリカの価値観と日本の価値観、アメリカ人の持っているマインドと日本人の持ってるマインドとの間の温度差をちゃんと感じながら通訳をやるようになったおかげと、日本もようやく80年代に入る頃、裕福になってきたこともあって、ショービジネスが充実してきた。

　ショービジネスというぐらいで、ビジネスになるかならないかという問題があって、日本ではこれは仕事になるっていうのがようやく１９７０年代の半ば過ぎから80年代のバブルへ向かって上り坂になっていったじゃないですか。

　ザ・ビートルズが初めて来た１９６６年、僕、中学２年で東京・葛飾の下宿にいたの。あのときのコンサートはザ・ドリフターズが前座ですからね。それで、実際にビートルズが演奏してるのは40分なかったんじゃないかな。あの頃、『時事放談』という番組が日曜の朝あってね、小汀利得《おばまとしえ》さんと細川隆元さんが話してて、「ビートルズだかビールスだか知らんけどね、あんなものにね、武道館を貸すなんてけしからん！」なんてやってた時代ですよ。それがあっという間に70年代の半ば過ぎから後半、80年代の前半に向けて、ショービジネスが津波のように日本に入ってきて。そこにタキ姐が相当関わっているね。プロモーターとしては、ビートルズを招聘された永島達司さんというキョードー東京をつくられた有名な方やウドー音楽事務所などがすでにありました。

タキ

　だから私は当時、縁の下の力持ちの立場で通訳やコーディネートしながら、

「日本もいいマーケットよ」ってさかんに海外に焚きつけてた。

出会いを大切に、一瞬一瞬を真剣に

まさし　それで例えば、ソフィア・ローレンをコマーシャルで使うというときに、タキ姐がコーディネーターとして乗り込んでいって、口説いて。

タキ　ホンダのロードパル、ラッタッタね。

まさし　あのコマーシャルは衝撃的だったね。あれはホンダからタキ姐に「ちょっと交渉してよ」って話があったの？

タキ　これも人の縁。

まさし　加藤タキワールドだ。

タキ　ホンダの宣伝にスティーブ・マックィーンを起用して成功させた、とても有能な方が販促部にいらしたの。その方と知り合ったきっかけは、当時、私が乗っていたホンダZという小っちゃな車。

まさし　はい。ホンダの「水中メガネ」ね。

タキ　そうそう、そう呼ばれてたわね。それで私にコマーシャルに出ないかという話が来た。今でこそ普通の生活者がコマーシャルに頻繁に出ているけれど、もしかするとその第一号かもしれない。当時、私が働いていたオフィスが六本木にあったの。「新六本木族、ホンダに乗る」というキャッチフレーズをホンダが掲げていて、ちょうどいいからということでお呼びがかかってＣＭに出たの。そこでその方と知り合った。

ところが、その方、相当出来る方だから、社内のやっかみがいっぱいあったらしく、引きずり降ろされて左遷させられちゃったの。**私、そんな彼の不遇の時代も今までと変わらずお手紙を書いたり、お付き合いを続けていたんです。**

まさし 小さな細い糸ですよね。

タキ 私、その方にお世話になったから。その方が左遷させられようが何しようが関係ない。周りの仕事仲間から、「彼とそんなふうにずっと手紙のやりとりなんかしてると、今の部長さんが気に入らないと思うから、タキ、今後の仕事のためにはやめておいたほうがいいよ」って言われた。でも「なぜ？　私はあの方にお世話になったの」と淡々と交流を続けていた。自分の感謝の気持ちを大切にしたかったから。

そうしたらその後、その方は販売部のトップとして戻ってきたの。それで、

第1回目の仕事が、50ccクラスのミニバイク、ロードパルのCMにソフィア・ローレンを使いたいって。そこで私に話がきたわけ。自分が左遷されていたときに付き合いが変わらなかったことが頭にあったのかしらね。

まさし それは信頼されるわ。

タキ 彼から話があったときに、「この話をどこかほかにも投げかけていらっしゃいますか」と言ったら、「いや、タキさんに今初めてお話ししました」。「じゃあ2週間、誰にも言わないでください。もしこれが電通さんとかどこかの広告代理店に行くと、みんな彼女のエージェントのところに行くでしょう。そうすると、『おっ、日本からこんなに話がいっぱい来てる。ということは、ソフィアは今求められてる』。当然、ギャラが吊り上がりますから、まずは私だけに任せてください」って言ったの。「わかりました」。2週間と言ったけど、さあ、どこの誰にどうやって当たればいいか全然わかんない。

まさし そりゃそうだよ(笑)。どうやって連絡取ったの、ソフィア・ローレンに。

タキ 2週間の期限間際になって、前にオードリー・ヘプバーンのときにイタリアですごくお世話になったマーラさんという女性コーディネーターがいたことを思い出した。そうだ、彼女だと思って国際電話をして「クライアントはホンダ。

ソフィアを新しいミニバイクのCMに使いたいと言っているの。あなた、（ソフィア・ローレンの夫で映画プロデューサーの）カルロ・ポンティさんにつないでもらえない？」と言ったら、「私、今、映画の撮影で毎日ソフィアと一緒なのよ」って。「じゃあ、すぐ話して」と。もう翌日電話がかかってきた。

まさし　それは英語？

タキ　英語で。それでマーラさんが「ソフィアが興味持っている」って。「じゃあ、すぐ行く」と言って、ホンダのその方と、二人でローマまで飛んでいった。その前に彼には「あなたは、どこまで交渉の権限ありますか」と私は伺ったの。「僕はかなり権限持ってます」と言うから、「いろんな話が出たときに、日本人にありがちな、『ちょっとお待ちください。それは本社に聞いてみます』で、本社がまた稟議書回してどうのこうの、これできませんよ。だから、ちゃんとある程度の権限を持って行きましょう」とお願いしておいた。早速ローマではマーラさんを通じてカルロ・ポンティ氏に会って交渉が始まったの。

はじめは、「うーん、コマーシャル？」みたいな話だったんだけれど、私は「ソフィア・ローレンさんは映画女優としてとっても人気も高いし、素晴らしい演技者です。日本ではお茶の間という家族みんなで集うところがあって、そこで全国のテレビを通じて身近にソフィア・ローレンさんを見るということは、間違いなくあなたがこれから製作なさる映画にも、彼女のためにもいいと思う」と言ったの。

まさし それは参るね。

タキ 「映画だけじゃない。お茶の間で毎日ソフィアさんに触れるってことは、ソフィア・ローレンという人に親しみを持つことになって、『ああ、あの人の映画だったら行ってみようかしら』って必ずそうなる」と言ったの。そしたら、わかった、って話がトントンと進んだ。

ソフィア・ローレンの短い爪に母性を感じた

まさし ソフィア・ローレンはどんな人でした？　怖い感じ？

タキ 素晴らしい女優さんです。彼女は貧困のなかに私生児として生まれて、その後、ナポリの美人コンテストで入賞してからチャンスを与えられてハリウッドへ行った。そこではナポリ訛りのイタリア語をみんなにバカにされ、それから頑張って英語を勉強して。正規の教育は受けていないけれど教養を自ら磨いた人なの。私が会ったときの彼女の英語は発音は綺麗だし文法も完璧だった。すごく努力したと思う。

彼女は膝が華奢でね、座ると必ずスッとスカートを上げる、そこが色っぽくて。

まさし　膝見せるの？

タキ　そう、膝見せるの。

まさし　あらー。

タキ　私がもう一つ感心したのは、爪を見たら綺麗に切り揃えられていたこと。何も塗ってなくて。ちょうど子育て中でね。女優をやるときは付け爪するわけ。でも普段は主婦であり、お母さんでもあるから、綺麗に爪は切り揃える。これはオードリー・ヘプバーンさんもそうだった。赤ちゃんを育てている時期は、爪なんか全然伸ばしていない。こういうところでも、あ、素敵な女性だなと思った。

まさし　爪を見てね。

タキ　うん。子育て中はしょっちゅう抱き上げたり肌に触れるのに、長い爪は赤ちゃんを傷つけちゃう。仕事に差し障るとしても、お二人とも母親であることが最優先だった。だから私も子育てのとき、躊躇なく爪を短くしていましたよ。
　CMは春夏のシーンだったけれど、撮影時期はまだ冬で、周囲はみんな毛皮着ていても寒い寒いと言ってるのに、彼女は薄地の衣装で一度も寒いと言わなかった。

まさし　はぁー、さすがだね。

タキ　もうプロ中のプロ。撮影が9時から始まるということは、朝5時に起きてヘアメイクをするんだけれど、15分前になるともう、「I'm ready at anytime」って。
　でね、ソフィア・ローレンが半生を赤裸々に語った本『生きて愛して』（講談社）の冒頭にこんなことが書いてある。
「生まれたときから私は知っていた／裏通りに生きる知恵を、人と自分についての知恵を／これが私の財産／初めから大人だった私／そして私生児だった私／でも、二つの宝を抱いてこの世に誕生したのだった／知恵と貧困という宝を」

まさし　すごい人だな。

タキ　生まれたときから彼女は挫折を味わってるわけ。

まさし　そうか。

タキ　私生児ってことはお父さんの名前がないわけだから。それで、同じお父さんで、やはり私生児の妹がいたの。彼女はその妹のためにお金を稼いで、お父さんの名前を買ったの。

まさし　ふーん。そういう時代なんだねぇ。いやぁ、そのソフィア・ローレンを1970年代に口説きに行ったコーディネーターというのは、どうかしてるよね。

タキ　1976年だったかな。映像監督は大林宣彦さん。スチールは「朝日ジャーナル」や「AERA」創刊号から表紙を撮ってた坂田栄一郎君。ローマ郊外の新宿御苑ほどある敷地内のソフィアさんの大邸宅と、ゲストハウスやプールでクレーンを使って撮った。カルロ・ポンティさんもびっくり！

まさし　本当に贅沢だねぇ。

タキ　掛かってる絵や調度品など全部彼女が詳しく説明してくれて。素晴らしかった。

　その後、彼女がホンダのコマーシャルに出た関係で、当時、TBSテレビで放映中の『すばらしき仲間』というホンダ提供のトーク番組に出たことがあってね、もう一人のゲストが大竹しのぶさんだった。しのぶさんもホンダのコマーシャルに出ていたから。私も鼎談《ていだん》という形で通訳も兼ねながら出たの。そのとき、しのぶさんが「ソフィアさん、女優の先輩として伺いたいことがあるんです。ラブシーンがあるとき、私、嫌いな人だと、全然ラブシーンができないんですけど、女優さんとしてそういう経験ございますか」って聞いたら、ソフィアさんが足を組み替えて、しのぶさんの手を取って、彼女の目を見て、「私はね、嫌いな人ほど、いいラブシーンができるのよ」と言ったの。

まさし カッコいい（笑）。

タキ 「ちょっと気がある人だと自分の私情が入っちゃって、いい演技にならないの」

そのとき私、思ったの。あ、女優というか役者さんには2通りあるんだと。感情を全部ぶつけて、なり切ってやる人と、ソフィア・ローレンさんみたいに演技を計算で組み立てる人と、こういう違いがあるんだって。どっちがいいとか悪いとかじゃないからね、こういうのって面白いなと思って。

まさし そうした演技論は僕は部外者ですから語れませんが、そう言えば森繁さんが女優さんに語ってるのをたまたま目撃したことがある。「こんなに好きなのに」ってセリフがあるときに、「こんなに好きなのに」って男にすがりつく女優さんがいて、森繁さんが「あのねぇ、それじゃ男の心は動かない」って言った

タキ　の。「こんなに好きなのに」って、男の反対側に手をつけって。

まさし　ああ。「こんなに好きなのに」と言った瞬間に、ちょっと引っ張られるんだって。だから、「そういうことを計算してやんなきゃダメだよ」と言っているのをたまたま目撃して、森繁久彌という人の演技はやっぱり頭で作るんだなと思ったけど、どっちかっていうと本能だけでやる人のほうが多いんじゃないかな。

フランク・シナトラからは時間の観念を学んだ

まさし　フランク・シナトラはどういう人でしたか？

タキ　シナトラさんには私、「時間」という観念を教わったのね。教わったというか学びました。

約束してその時間に行くのは、当たり前のことだけれど、1974年、シナトラさんが東京音楽祭で来日したときに当時のTBSの社長と、帝劇の上の貴賓室で夜の8時にお約束があったの。私は貴賓室のあるフロアのエレベータ前で待機していた。そうしたら8時7分前にエレベータが開いてお一人で出ていらした。付き人もガードマンもおらずお一人で。えっ、シナトラさん？　すると彼が「あなた、関係者か？」と聞かれたから「Yes, sir. お待ちしておりました。こちらへどうぞ」と言ったら、「7分前じゃ早過ぎる。約束は8時だから、もう少し、この辺をブラブラしていいか」「Of course, sir」。で、窓の外の皇居を眺めたり、壁の絵をご覧になったりして、2分前。「じゃ、ご案内いただきたい」。

彼の中では、7分前に行ったらそれだけ7分間その相手の時間を拘束することになるから、それは失礼だということだったのよ。日本人は遅れるのは失礼だと考えるけれど、早いのは構わないって考えがちよね。でも、早くても相手の時間を拘束する、という感覚がなかった。これがフランク・シナトラなんだと思った。

その前の日に、武道館ライブをやって、TBSが1時間の生中継をしたの。そのリハーサルをスタジオでしたとき、関係者3人ぐらいしか入れなかった。私も入れなかった。なぜか。彼は自分でストップウォッチを持って、ドン・コスタという有名なアレンジャーと「この曲はもう少し短くしよう」といったことを綿密にやるわけ。番組プロデューサーに、「日本の場合は、コマーシャルはどこに入るんだ。何分入るんだ。全部細かく教えてくれ」って。

まさし　ご本人が？

タキ　ご本人が。そして、「『マイ・ウェイ』を一番いいところに持っていきたい。そうすると、ここが合わないから、じゃあ、そこはもうちょっとカットしよう。これをもうちょっと延ばそう」。全部自分でアレンジャーに指示をしていたんですって。

はじめは3人しか入れないっていうんで、制作陣は、「もうわがまま。自分たち、どうしたらいいの？」と焦った。照明だってタイムキーパーだっていろいろ準備をしたいのに。「どうする？　帝王のわがままだよなぁ」って不平を言っていたのだけど、ご自分で全部なさるから、周りに人が右往左往していると集中できない。なるほど、プロというのはこういうものなんだと教わった。

まさし　プロの中でも特別なプロだからね、フランク・シナトラは。

タキ　で、すべてスムーズにいって、日本が終わってオーストラリアにプライベートジェットで行きました。そうしたら新聞読んでビックリしたの。公演会場で何かが気に入らないと言って、大騒動になったんですって。

まさし　えぇー。

タキ　英語圏だから「Hey, Frank!」とか、カメラを向けてなれなれしく言ったのかなぁ。日本は、「ミスター・シナトラ、ミスター・シナトラ」と、丁寧。尊敬はあるし親切。それをちゃんと汲み取ったんだと思う。オードリーさんもそうだったけれども、そういう丁寧さとか親切さとか常識をきちんとわきまえている日本人と異なり、同じ英語圏でカジュアルに「Hey!」とかラフにやろうとしたのか、何か気に障ったらしい。それを聞いて、みんなゾーッとしたの、いやぁーって、冷や汗（笑）。

まさし　すごいね。そこまで自分というものを貫き通すというのは、なかなかできないね。

タキ　それはさすがにシナトラでなくちゃできないと思うけど。でも、私はそのときの経験で、時間というものをより一層考えるようになった。打ち合わせやホームパーティーもそうなんだけども、ホームパーティーが例えば6時半からと言っておいたのに6時10分に来られると、こちらは一生懸命準備している最中なわけ。

まさし　わかるわかる。僕は「10分に早からず、5分に遅からず」って教わったね。10分以上先に行くと迷惑だし、5分以上遅れると心配されるって。

タキ　そうなのよ。

まさし　そうか、シナトラねぇ。シナトラはそんなに厳しかったんですか。

タキ　厳しかった。

まさし　タキ姐はシナトラで困ったことはない？

タキ　記憶にない。あったのかもしれないけど、困ったと思ってなかったのかもしれない。

まさし　やっぱり尊敬できる？

タキ　そうね。その後、ビバリーヒルズで会食の機会もあったけれど、とってもジェントルマンだった。

まさし　気分もよかったんじゃない？　タキ姐がよかったんじゃない？　たぶん。

タキ　私、ニコニコしてたし(笑)。

まさし　たぶんタキ姐の対応が彼のツボにはまったんだろうね。

タキ　「1966年にスタンフォード大学の夏期講座でフランス語を勉強してたときに流行ってたのが『夜のストレンジャー』だった。あれを聴いて私はさらに英語を勉強した」という話を彼とはしたわ。

まさし　ああ、『Strangers in the Night』。中学生の頃ですよ。あの頃、フランク・シナトラの時代は終わったと言われていた。もうレジェンドと呼ばれる存在だったから。そのレジェンドが天から降りてきてヒット曲を歌っているという感覚だったね。だから『Strangers in the Night』は子どもながらにかなりインパクトがあった。

あの当時の日本のラジオの音楽って本当にワールドミュージックでね、ボビー・ソロのカンツォーネ、シャンソンならフランス・ギャルとか、レイモン・ルフェーヴルとか、坂本九とかがベスト10にいたりしたからね。

タキ　うん、そういう時代だった。

まさし　だから、僕はすごくフラットに音楽を聴かせてもらってたと思う、中学から高校のときラジオで。もちろんビートルズが上位にいるんだけど、サイモン&ガーファンクルもいたしね。それ考えると今はすごく、音楽の世界は狭くなったなって気がする。

シナトラはステージに上がるとき、左足から出る

まさし　ジャズピアニストの小曽根《おぞね》真《まこと》さんから聞いた話ですけど、フランク・シナト

タキ　ラはステージに上がるとき、左足から出るらしい。
まさし　それはどうして？
タキ　右足から出ると、お客に最初に背中を見せるから。
まさし　ああ！
タキ　下手《しもて》から出るでしょう？　下手から出るときにシナトラは、右足から出ると、いきなり自分の背中を見せる格好になる。左足から出ると、自分の顔を見せることになるから。
まさし　なーるほど。
タキ　それをやってるって小曽根真さんから僕聞いて、「プロって違うね」と言ったら、「あなたもプロでしょ」と言われたんだけど。
まさし　それからはあなたもやってる？
タキ　うん。それから僕も左足から出るようにしてる。
まさし　でしょ？　だから、やっぱり学ぶじゃない。
タキ　学ぶね。学びって大きいね。
まさし　「あ、そうか」と思ったことは自分が次にやってみればいいと思うの。
タキ　それで思い出したんだけど、野村万之丞《まんのじょう》さんが何かのインタビューで、「芸事は左から」とおっしゃったのね。

マサシ へぇー。お能、狂言に限らず？

タキ うん。「芸事は左から」とおっしゃったのが印象に残っている。それからは、服を着るときも左袖から通して着るようになったし、お風呂も左足から入るようになった（笑）。

ディートリッヒの孤独

タキ たくさん出会ったスターの中で印象が強かった一人はディートリッヒさんね。

マサシ マレーネ・ディートリッヒって、見るからに怖くない？

タキ 実際怖かった。

マサシ 怖いでしょ？　だって俺、会ったことないけれど、見るからに怖いなと思うもん。

タキ だけど、孤独なの。

マサシ そうなんだ。

タキ だって、あれだけの喝采浴びて、１００万ドルの脚線美って言われて、70歳を超えてもピンヒール履いて、タイトなドレスをお召しになって、いつも背筋を伸ばして歩いて。

まさし　タキ姐はディートリッヒに何を学んだの？

タキ　印象深かったのは、スタンディング・オベーションの話ね。ディートリッヒさんが私にファンは必ずスタンディング・オベーションすると言うから、私は彼女に、日本のファンは拍手喝采はすごいけれど、スタンディング・オベーションはしないのよと言ったの。

まさし　あ、そうか。40年近く前って、スタンディング・オベーションという習慣がなかったもんね。

タキ　そもそも日本の観客はスタンディング・オベーションを知らなかった。

まさし　アンコールだって東京オリンピックまでなかったんだよね。

タキ　そうなの？（笑）

まさし　日本人が「チャッチャチャッチャチャッチャ」って手拍子を覚えたのも、東京オリンピックなんだって。

タキ　1964年。

まさし　そう。そのときに外国の人たちが煽るのに「チャッチャチャッチャチャッチャ」とやって、あ、こうやって煽るんだって日本に伝わって。

タキ　へぇ。それでアンコールになったわけ？

まさし　それでアンコールのときでも「チャッチャャッチャャッチャ」とやってるのが伝わってきて、ちょっと洒落た先端の人たちがそれに倣って始めて、アンコールのときに「チャッチャャッチャャッチャ」という手拍子になった。スタンディング・オベーションなんて本当に最近だよね。

タキ　まさし君のコンサートだって本当に感動するとみんな立つじゃない。

まさし　はい、はい。

タキ　私は関係者感覚で座っていたんだけど、最近は感動して真っ先に立つのよ。

まさし　そうだね（笑）。

タキ　だから、ディートリッヒさんに私は、立たなくても気を悪くしないでねって、これが日本人だから。

まさし　ああ、ガッカリされると嫌だから。でも日本人もちゃんと楽しんでるから。

タキ　「もう精一杯の拍手喝采であなたを心から賛美してるから、そのつもりでね」と言ったら、「大丈夫。必ず立つ」って言うの。

まさし　おお。

タキ　「いやいや、だから、立つ習慣がまずないから。だから、立たなくても気にしないでね。でも、本当に賛美するから」と言ったら、「大丈夫。立つ」。あらまあ、これだけ説明しているのに、観客が立たなかったらどうすんだろう、と思ってたの。で、本番でアンコールあるでしょ。

まさし　カーテンコールってやつね。

タキ　カーテンコールでみんな拍手喝采するでしょ？

まさし　拍手で出てきては下がって。

タキ　そう、やるでしょ？　まだみんな座ってるわけね。それで、何回かやってももう出てこないだろうと思って、みんな帰ろうと思って席を立つわけ。そのタイミングで彼女がもう一回出てくるわけね。

まさし　うまいね。

タキ　やっぱりプロなのよ。

まさし　ああ、俺も今度その作戦使おう。

タキ　なるほど、よく客の心理を知っているな、と思った。みんな立ち上がって帰ろうとするんだけど、出てきたからワーッて、ますます盛り上がって。たしかにスタンディング・オベーションになってた。

まさし そうか。僕が文化放送で深夜放送やってるときに、『リリー・マルレーンを聴いたことがありますか』という本が流行って、それで、マレーネ・ディートリッヒって人は日本で初めて有名になった。その作者の鈴木明さんが番組に来てくださって、そのときに『リリー・マルレーン』をかけた懐かしい記憶が今蘇ってきました。

タキ あの本の中に私出てくるの、知ってる?

まさし え?

タキ あの本の中に加藤タキって出てくる。

まさし ごめん、憶えてない。

タキ (笑)出てくるの。

なぜかっていうと、鈴木明さんが本を書くにあたって、私は写真を貸し出したりしてるわけ。

まさし あ、タキ姐があの本に関わってるわけ?

タキ そうなの。

まさし じゃ、改めて読んでみます。

タキ それで、そのときにディートリッヒさんに、写真を借りるのに、必ず○日までに返すと私が言ってるのに、紙を出してきて、「ここにあなたが借りたという今日の日付と、誰に貸したというのと、いつ返却するというのをちゃんと書きなさい」と言うから、「私を信頼してくれないんですか」って聞いたら、「信頼してないわけじゃない。でも、戻ってこなかったときに、私はあなたを責めるわよ」と言われた。それで紙に書いたら、2枚コピーを取ってと。彼女はこうして何かあるたびに必ず紙に書いて2枚コピーを取るのね。

タキ　何かやるたびに誓約書を書かされて、コピーを取らされるの？

まさし　なぜ計3枚かというと、1枚は自分の手元、1枚はニューヨークの自分の弁護士、1枚はスイスにいる彼女のお嬢さんへ毎回郵送するの。

タキ　その話を聞くだけでね、どれだけいい加減な業界で辛酸舐めてきたかということが伝わってくるよね。

まさし　そうなの。だから、拍手喝采という光の陰には、嫌な思いをどれだけしてきたんだろうと思って、彼女は孤独だなと思った。

タキ　僕ですら、ソロになってから主催者と称する人にギャラを持ち逃げされた経験ありますからね。僕ですらあるんですよ。マレーネ・ディートリッヒの頃だったら、もうとんでもない人たちがむしって食べてたと思う。

タキ　そう、取り巻きでね。

まさし　だから、自分を守るためには、それは当然のことだと思う。

タキ　うん。でも、当時はそこまで私、彼女の事情がわからないから、なんで信頼してくれないんだろう、と思って、「Why?」って何度も言ったの。来日してからずっと同じホテルに泊まっているわけだし。

まさし　一緒に泊まってたわけじゃないでしょ?

タキ　いや、スイートの隣の部屋に泊まってたの。

まさし　ああ、控えの間みたいな部屋ね。

タキ　あるでしょ?　そこに私はいるの。来日早々、朝の4時に電話が鳴って、「お腹すいて、時差で目が覚めたんだけど、すき焼き食べたい」って彼女言うのよ。

まさし　え、すき焼き?　朝?

タキ　朝の4時に。

まさし　「あのね」って言いました?

タキ　言いました、それは無理だと思って。そうしたら彼女に「なぜホテルに聞く前に無理だって言うの?」って。1970年の大阪万博で来日したときは大阪の

まさし　ホテル・プラザに泊まって、そこでは食べられたらしい。

タキ　ああ、ホテル・プラザね。あそこは全部直営だったから。僕は大阪のときはずっとプラザに泊まってたからよく知っている。あそこはバーも三つ以上あって飲食店もいくつもあったんだけど、地下の商店街以外の飲食店、バーもひっくるめて全部ホテル直営なの。「オークラを超えるホテルを大阪につくる」という一言で朝日放送がつくったホテルだから。

まさし　そう、すぐ隣が朝日放送だったわね。

タキ　とにかくビックリしたのは、僕はふらっと行くタイプなんだけど、僕の泊まる部屋はもう決められてて、突然来ても大丈夫なように、最後の最後までその部屋を売らないっていうようなホテルだった。だから、ホテル・プラザなら夜明けにすき焼きもあり得ると思う。

まさし　ほおー、さすがのまさし君！　それでね、内部事情は別として、彼女はもう体験済みなわけ。

タキ　東京ではどのホテルに泊まったんですか。

まさし　帝国ホテル。

タキ　帝国ホテルかぁ。でも、帝国ホテルなら、なんかやってくれそうな気がしません？

タキ　いや、さすがにいきなりはダメだった。もちろん24時間ルームサービスって書いてあるけど、すき焼きはちょっと勘弁してくれと言われて、それでディートリッヒさんに「ごめんなさい」って言ったら、すごいふくれて、「なぜだ」ってさんざん言われて、私が悪いわけじゃないのに、なんで私がこんなに言われなければならないの、なんて思ったけど。でも、翌日から食べられるようにしてあげたら、すごく喜んだ。

まさし　ホテル側には「もしかしたらとんでもない時間にまたすき焼きと言うかもしれませんから、用意してください」と頼んだの？

タキ　そう。ホテルの人に、「もしあなたが外国に旅をなさると時差に苦しむこともあるでしょう。そういうときにやっぱりお腹がすいたら、こういうものを食べたいなと思うのと同じような気持ちを彼女は持ってらっしゃるわけだから」と言って、「なんとかなんとかお願いします」と言ったの。

　彼女にはお付きの若い男性がいて、彼だけが彼女の部屋に入れた。私が入れるのは一瞬だけ。部屋に入ると彼女は、テーブルの上に脚をのせて、お付きの男性がマッサージしてあげていた。

まさし　やっぱり美脚を大事にするためにメンテナンスを怠らなかったわけですね。そこまで気を遣うんだね。

マイケル・ジャクソンが作った一つの宇宙

まさし　タキ姐はマイケル・ジャクソンともお付き合いありましたよね。

タキ　マイケル・ジャクソンは、コンサートというよりも、彼が「ヒール・ザ・ワールド」というチャリティー団体を作って、それを日本でも立ち上げたいということで、キョードー東京から準備室長をやってほしいと依頼を受けて関わっただけ。だから個人的なお話はしていないの。もっとお人形さんっぽいのかなと思ったら、自分の意見をしっかり言っていたという印象はある。

ただ、そのときに間近で見て感じたのは、かつてジャクソン5として東京音楽祭で来日したときにも会っているから、顔をいじるというのは、こういうふうになっちゃうのかなと思った。

まさし　何年くらいですか？

タキ　「ヒール・ザ・ワールド」は1992年。

まさし　まだまだ全盛期だね。
タキ　そうね。でもとにかく顔をつくり過ぎちゃって……。
まさし　そうそう。ジャクソン5の頃のほうが素敵だったよね。
タキ　そう。私は好きだった。だから、どうしてこんなに、と……。
まさし　おそらくみんなそう思ってんだけど、本人がそれを願ってるから言ってはいけないって思ったんだと思う。
タキ　そうね。それが彼の理想像だったんでしょうね。
まさし　『THIS IS IT』という彼が亡くなる直前の記録映画があって、僕はあれを見たとき衝撃を受けました。マイケル・ジャクソン、50歳のダンスじゃないんですよ。とにかくその手のひらの中に音楽とダンスすべてがあって、それが一体化してる。音楽が突出してるわけでも、ダンスが突出してるわけでもなくて、それがバランスよくマイケル・ジャクソンの中にある。
タキ　一つの宇宙ができていましたもの。
まさし　完全なる宇宙だった。僕はもう本当に感動して。例えばベーシストのフレーズ一つとっても、マイケルが口で「こんなふうに弾いて」というベースがカッコいいのね。そんなふうにミュージシャンを育てていく。プロデューサーとしてもすごい。でも、信頼してるスタッフにはもう本当に、なんか猫みたいに素直に従う。そういう子どもみたいなところがあるけど、純粋に音楽家としての凄みっていうのを『THIS IS IT』でも感じました。もっとも残念ながら僕が目指してる音楽とは方向が違うので、「あ、素晴らしいな」って感動はするけど、そこを目指してるわけじゃないんでね。僕はダンスもできませんし。

タキ　でも、まさし君のダンス見たよ、私、ステージで。

まさし　うん、やってるけどね。

タキ　やっぱり勘が鋭いからうまい。

まさし　勘だけね（笑）。

タキ　やっぱりうまいよ。動きがちゃんとしている。すごく様になってた。ああ、さだまさしって踊りもできるんだって。

まさし　できるわけないじゃん（笑）。

タキ　いや、できるんだってそのとき思った。

まさし　ダンスごっこしてんのね。まあ僕の話は置いといて。

タキ　私が感じたのは、マイケル・ジャクソンさんは取り巻きがいーっぱいいて。

まさし　ああ、まあ、そうだろうな。

タキ　エルヴィス・プレスリーと同じようなものを感じたんだけども、とにかく取り巻きがすごい。もちろん、フランク・シナトラさんもそうなんだけれど、彼は一人でポッとエレベータから出てくるようなところもあった。でもマイケル・ジャクソンは常に周りに10人ぐらいいた。だから逆に、ああ、この人は孤独なんだろうなぁって。気の毒な気がした。

まさし　そうか。やっぱりそうだったんだね。僕らはもうメディアからの情報でしか知らないから、何が本当なのかわからないんだけど、寂しかっただろうなっていう気はするよね。

タキ　根こそぎお金を持ち去られたこともあっただろうし、信頼してる人に裏切られたこともたくさんあっただろうし、ああ、大スターって、そういうことがより多く増えちゃうんだろうなって。だから、スターってつらいんだろうなって、つくづく思った。

まさし　ああ、まあねぇ。とにかく、あれだけの音楽の才能があああいう形でシャットアウトするのは、本当に惜しいと思った。

タキ　惜しいし、哀しいよね。

まさし　そういうミュージシャンいっぱいいるけどね、プリンスなんかもそうだけど、本当に音楽が好きな人間にとってはね、じつに惜しいと思うなぁ。

タキ　ホイットニー・ヒューストンだってそうだしね。

まさし　そうねぇ。

ドナ・サマーは一人ひとりに日本茶をいれてくれた

タキ　ドナ・サマーは知ってるわよね？

まさし　もちろん！

タキ　ドナ・サマーが東京音楽祭で来たときに、何がビックリしたかっていうと、やっぱり彼女も取り巻きがいっぱいいるわけね。だけど、スタッフの打ち合わせのとき、彼女が一人ひとりにお茶をいれてくれるの、日本茶を。

まさし　へえ！

タキ　わあ、なんて素晴らしい、わあ！　と思った。

まさし　それは素晴らしいなぁ。ドナ・サマーってそんな人なんだ。

タキ　忘れられない。それで一回ステージに立つと、もう、ワーッと、すごい迫力で人を圧倒する感じ。

まさし　わかるわかる。

タキ　それで、控え室行くと、「お茶飲む？　お茶飲む？」と言って、チャーミングだった。

ライザ・ミネリを乗せて六本木へ

まさし　ほかにもいろいろな人の話を聞きたいんだけど、僕の個人的な興味でごめんなさい、ライザ・ミネリって僕すごく好きなの。

タキ　わあ、嬉しいこと聞いてくれた。

まさし　本当？

タキ　うん。ライザ・ミネリの会見の通訳をしたときの話。私はいつも記者会見の通訳を引き受けるときに、その方と事前に10分だけ隅っこでいいから話をさせていただくなり、それが厳しければ控え室に入れてもらって、10分でいいから自分の目でその方を見ていたいと条件をつけるの。そうじゃないと、会見場で「はじめまして」と言って「さあ、やりましょう」という形だとその人のことがつかめないから。10分でいいの。

それで、記者会見が始まりました。お父さんのヴィンセント・ミネリのことを聞かれたときには、もう言葉を選んで選んで、「父はこうだった、ああだった」と、愛情深くゆっくりと語る。だから私も同じような感じで通訳するわけ。

例えば彼女が「Well…My father was…He was wonderful」と言ったら、普通通訳は「私の父は素敵な人でした」だと思うの。感情なんか入れない。本来は入れちゃいけないの。いかに速やかにスムーズに正しく訳すか。でも私はそこで、「私の父は……とても、とても……、素敵な人でした」という言い方をするの。

まさし なるほど。

タキ で、お母さんのジュディ・ガーランドの話になったら、つらい思いがきっとたくさんあるんだろうなっていうような感じがしたから、私もそのニュアンスを出して通訳する。それをライザさんは隣で見てるわけね。で、会見後に六本木に行く予定があって、彼女にはリムジンが用意されているのに、私の車の助手席に乗るというのよ。私、当時ホンダのプレリュードに乗ってたんだけど、その車で行くというのよ。

まさし　彼女は会見中に、タキ姐が自分の思いをちゃんと伝えてくれる人だって見抜いたんだね。この人だったら、もしかしたら自分のことを理解してもらえるかもしれないと直感した。まあ、そういう感じの人だよね。

タキ　感性はやっぱり鋭い。

まさし　彼女はやっぱりジュディ・ガーランドが重荷だったのかな。

タキ　すごく重荷だったみたい。で、あまりいい思い出がないみたい。

まさし　ああ、そう。

タキ　彼女の言葉の端々、態度のニュアンスにそれが出てくるから、なんとなく私もそういう姿勢で通訳したの。それを彼女は見てて、「あなたの車に乗りたい」って言われたときには、プロモーターたちがみんなビックリしていた。

まさし　カッコいい。

タキ　「えー？　リムジンが用意してあるのに」

まさし　それでタキ姐が運転してライザ・ミネリを乗せて六本木まで行ったわけだ。

タキ　そうそう。

まさし　いいねぇ。

タキ　二人で話しながら。そのときは天井の開くホンダに乗ってたから、表に顔出して手振ったりして。「あなた有名人だから、それやめて」と言ったんだけど。その時に彼女が言ってくれたの。「タキは私のニュアンスを伝えてくれたわね」って。「わかった?」と言ったら、「そりゃわかるわよ」って。

やっぱりそこで学んだのは、私の役割というのは、原語を単に置き換えるだけじゃいけないんだなと。彼女の言わんとしてる感情と、心の中にあるものを伝えるのが私の役割なんだと思って。

まさし　これを伝えたら気を悪くするなってことは言わない?

タキ　直訳はしない。

まさし　でも、それとなく、こういうふうに感じてるよっていうニュアンスだけは相手に伝えとかないとまずい。

タキ　そうね。

まさし　そういう会話ってありますよね。

タキ　うん。

まさし　それをちゃんと通訳してくれる人はなかなかいないよ。

「あなたはまだ自分の良さをわかっていない」

タキ　母には、「あなた、通訳をやっているのなら、もっと本読まなくちゃダメだ」って言われた。例えばシェイクスピアの話が出たときに、それをすぐ日本語でね、どんな話かわからないとうまく訳せない。

まさし　そうだ。知らなきゃ言えないもんね。

タキ　そう言われてね、そりゃそうだと。

まさし　ああ、加藤シヅエはプロデューサーだったね。

タキ　本当にそう。私を陰で育てていたの。

まさし　良いプロデューサーってのはそういう人だねぇ。

タキ　今、母が生きていたら、まさし君とどんな会話を展開しただろうと思って。

まさし　また、お話ししたかったねぇ。本当に俺もプロデュースしてほしいわ。もう遅いけど。

タキ　いっぱい活入れたと思うのね。

まさし　いっぱい活入れられたね。

タキ　「何言ってんの、あなた！」って（笑）。

まさし　「何やってんの、あなた！」って言われたでしょうね。「もっとちゃんとしなさい！」ともね。

タキ　いや、「**あなた、まだ自分の良さをわかってない**」とかね、そう言ったと思う。

まさし　今ふっと思ったけど、「あなた、まだ自分の良さをわかっていない」って言葉ほど、人を勇気づける言葉ないですよ。

タキ　そうかぁ〜。

まさし　「あなたはまだ自分の良さをわかっていない」って言われるぐらい、嬉しい言葉はないんじゃないかなぁ。だから、そうか、おそらくこの本を読んでる人に一番伝えたい言葉はそれかな。「**あなたはまだ自分の良さをわかっていない**」。

タキ　うん、自分にね。

まさし　「自分に気づいていない」ということですものね。

タキ　で、女性の場合は、だから鏡を見るのよ。鏡を見て、もう一人の自分と心の対話をして、必要とあれば、笑顔が足りないと思ったら自分で心の洗濯をして、とにかく鏡の前で笑顔を練習するの、こうやって。それが不得手でも、そうやってるうちに、自分の笑顔がちゃんとできるようになるよ。

心を通わせることが大事

まさし　ライザ・ミネリなどとはその後も親交はあったんですか。

タキ　そうね。まず、ティファニー製で金のアップルの形をしたブローチ（ニューヨークのニックネームはビッグアップル）をプレゼントしていただいた。ディートリッヒさんからはハンドバッグをいただいたり、ペギー・リーさんからもすごい指輪をいただいたわね。

まさし　ペギー・リーも？

タキ　ビバリーヒルズの彼女のお宅にも行ったわ。

まさし　へぇー。

タキ　そのご自宅でランチをご馳走になった。ディオンヌ・ワーウィックさんは、「あなたの着てる洋服がいいから、そこのデザイナーのところに連れてってくれ」と言われて、椎名アニカさんというデザイナーを紹介し、完成品を私が出張の際にビバリーヒルズのディオンヌさんのお宅に届けたりして。けっこう、いろいろな方たちと友だちになりました。

まさし　それはやっぱり、よいコーディネーターですよ。よいコーディネーターであり、よい通訳だから、心を通わせられる。なかなかそういう人間関係を簡単に築けるものじゃないですよ。それはでも、日本語と英語という完全な異世界、異文化、異次元のものに橋を架けて、そこを行き来できるタキ姐だからできた。僕らにはそれはあり得ないし、例えば日本語圏の中で、日本語圏の人間同士でそれをやるのだってとっても難しい。

タキ　そうかも。私、ごく自然に相手に感情移入できるみたい。それはやっぱり根底に、3歳のときに母に言われた、「みんな違うけれど、みんな怪我すれば、同じ赤い血を流すの。痛かったり悲しかったりすると、同じしょっぱい涙を流すの。だから、みんな、どんな人も同じなの」というのがあるからだと思う。でも、今それができるかといったら、今の私には英語の能力がない。

まさし　え？　そう？

タキ　残念ながらね、ずっと使ってないからね。

まさし　使ってないとやっぱりダメですか。

タキ　ダメね。普通の会話はできるよ。それからメールも書けるよ。オードリーさんの息子たちともしょっちゅうメールのやりとりは続けている。でも、とてもじゃないけど通訳はできない。

まさし　心の機微まではとっさに伝えられない？

タキ　それもできないし、AさんがBさんに、BさんがAさんに言ってることの正しい解釈もできない。今はできない。英語も日本語も出てこない。

自分も楽しみ、みんなも喜ぶ心遣いの発想

まさし　先日、差し上げた僕の手拭いを本日お目にかかるときにスカーフのように首に巻いてくださって。素敵な気遣いだね。

タキ　私はこの発想も、アーティストから学んだの。東京音楽祭に毎年海外からいろいろな人が来てたでしょう？

まさし　すごい人たち呼んでますよ。

タキ　本当にすごいスターたち。で、ゲストにはホテルのお部屋にお花を届けるわけ。そうしたら、ファラ・フォーセット風のヘアスタイルをしたスーザン・アントンという女優・歌手が、毎日自分のヘア飾りにその花を使ってくれたの。それがすごく嬉しくて、「明日はどんな花を使うのかな」と楽しみになっちゃ

った。編み込んでみたり、ポニーテールにつけてみたり。みんな喜ぶわけ。差し上げた側も嬉しいよね。「あ、こういう心遣いっていいな」。彼女自身も楽しんでいるし、私たちが喜ぶことでまた楽しくなる。そこで、学んだの。

まさし　お互いにね。そうか、そういう人間関係に気づくという、例えば自分が花をお部屋に入れて差し上げるというのは、これはある種、仕事だから当然のこととして。

タキ　そうそう、仕事としてこちらはやっている。

まさし　それを生身で活用してくれる人に出会うっていうことは大きいね。

タキ　それを日常生活にね。何か特別なことにじゃなくてね。まったく同じ発想よ。

まさし　なるほど。「せっかくいただいたから」って心遣いが第一なのね。

タキ　そうなの。

まさし　それがやっぱり第一だというのは、僕には伝わるじゃない。でも、そうした経緯を知らない人でも、手拭いをスカーフとして使えるという、柔軟な発想というのはなかなか普通はないですよ。

タキ　手拭いだからといって、手拭いとして使わなければならないわけではないでしょ。**「ねばならない」というのは、法律を犯してはならない以外ナイ、という**

のがタキ流の発想ね。

第4章

男と女

理想通りにいかなかった最初の結婚

まさし　さっきもちょこっと出てきたけれど、タキ姐の最初の結婚はけっこう早かったんですよね？

タキ　そう、24歳で結婚して離婚したのは28歳のとき。4年間の結婚生活のうちの3年間は、この結婚は続くんだろうか、いや、結婚したんだから生涯添い遂げる、いや、でも仕事もあるし、と悩み続けた。

　もともと、プロモーターの青山さんがオズモンド・ブラザーズを招聘するというので、「お世話係兼通訳」を頼まれたのがきっかけという話は先ほどもしましたね。

　オズモンド・ブラザーズというのは、全部で9人子どもがいて、上の2人は難聴者だったのでショービジネスには携わっていらっしゃらなかった。私が留学中、『アンディ・ウィリアムス・ショー』をテレビで放映してて、毎週そこにかわいいきょうだいグループが出ていたのでよく知っていたの。ああ、歌のうまい、いい子たちだなぁって。

それで、この一家が敬虔《けいけん》なるモルモン教徒ということもあったのか、本当に愛情たっぷりで、来日していた6歳から19歳のきょうだい7人みんながお互いの面倒を見合って、理想の家庭像みたいな感じだったの。それを私と青山さんが一緒の角度、視点から見ていて、あるとき彼が言ったのね。

「渡辺プロダクションの渡辺晋・美佐夫妻の国際版を作らないか。君と僕ならきっとできると思う」って。

　青山さんはプロモーターだったから、私の英語も役に立つし、留学していて生活習慣を知ってるってこともきっと役に立つなと思って。それで3ヵ月後にロサンゼルスのオズモンドの家で結婚したの。

まさし　そうなんだ。

タキ　じつはあとから聞いた話なんだけれど、私が結婚すると言ったとき、両親の周りの人たちはみんな反対したらしい。青山さんは私の14歳年上で離婚経験者、前妻との間に子どもも2人いる、しかも当時プロモーターなんて職業は聞いたことないということで。

　すると、その方たちに両親は平然として、「私たちが結婚するんじゃないです。結婚するのは娘なんです。娘が選んだ人だから、いいんじゃないですか?」と言ったんですって。

まさし　シヅエ先生、勘十先生らしいねえ。

タキ　それで、電撃結婚したのはいいんだけれど、一緒に仕事するはずが、1年間専業主婦してたの。毎日、具を変えて味噌汁作って、料理を作って待っていたんだけど、彼は働き盛りで全然帰ってこない。当時はスマホなんてないから「今日は遅くなる」とか「今日は食事要らない」とかっていう連絡もないし、私はお料理作って一人で待ってる。あれ?　なんか違うな……。友だちの家に遊びに行くと、みんな同年代の人と結婚してるから、二人で魚焼いてちびちびやりながら、なんてことをしているわけ。私、何しているんだろうと思いながら1年経っちゃったのね。

　そうしたらある日、大阪万博でプロデュースをやっていらした渡辺美佐さんから夫が頼まれてきて私に、「君、僕の顔を立ててほしい」「え、どういうこと?」「サミー・デイヴィスJr.の記者会見の通訳をやってほしいと美佐さんから頼まれて」「いや、私、もう1年ずっとやってないし、そんなのできない」「いや、僕の顔を立ててほしい」。

　それで、1年ぶりに仕事をしに大阪まで行ったんです。そのことがきっかけで夫が「仕事やろうよ」と言って、夫の事務所、青山音楽事務所の副社長になったんだけど、その後、彼が浮気をしたことが発覚したりして。

まさし ありゃー。

タキ やっぱりそこから不信感ですよ。そもそも最初の1年間から私の考えていた結婚とは違う。同じ理想の家庭像というものを同じ角度から二人で見ていたはずなのに、お互いに信頼し合って、支え合って、となるはずが、あれ？　なんで私は一人でいるんだろう。何かが違うっていうのがどんどんどんどん膨らんできた。

だから、4年間のうちの3年間、離婚を悩んでたっていうのはそういうことなの。要するに、私はこの人と一生涯続くんだろうか、続けるんだろうか、続けなくちゃいけないんだろうか、何なんだろうか、何なの？　何なの？　という感じで。

でも、青山音楽事務所の仕事は順調で、私が入ったときは4人だったスタッフが、あっという間に30人ほどになったの。私はアメリカにもしょっちゅう出張して、週末はラスベガスに行って、エルヴィス・プレスリー、サミー・デイヴィスJr.、ダイアナ・ロス、そんなスターたちのショーを観たり交渉をしたり。きらびやかと言えばきらびやかな生活よね。

日本でも家庭の外でみんなには「タキさん、ありがとう。お疲れさま。タキさんと仕事してよかったよ」と言われて、ちやほやされて。でも家へ帰ると悩んでいた。で、結局離婚するって決めたの。

離婚パーティー

まさし　離婚するとタキ姐が決めたとき、お母さんは何か言ってた？

タキ　母に話したとき、母はこう言ったの。

「わかった。あなたは一生添い遂げると思っていた。でも、人はそれぞれ成長していく。その成長が異なった方角に向いてしまったのね。二人が散々悩んで考えて出した結論ということを理解します。ただ、一つお願いがあるの。一度は縁があって一緒になったんだから、これから縁が細くなっていくかもしれないけれど切れるわけじゃない。それにあなたはこれからたぶん同じ業界で仕事をしていくでしょう。キャリアを活かしてやっていくでしょう。そのときに必ずいろいろなところで彼と会うだろうから、そのとき、『あ、会いたくない』

と言って逃げるんじゃなくて、会ったときに『こんにちは、元気？　どうしてる？』と言えるようにしてほしい。それには離婚パーティーを開いてほしい」

「離婚パーティー？　何それ？」と言ったら、母は昔話をしてくれました。

父と結婚する前、母は17歳のときに最初の結婚をした石本恵吉男爵と離婚するかどうかで悩んでいるとき、２人の息子たちを育てる費用を稼ぐためにアメリカへ講演旅行に２回にわたり４ヵ月間くらいずつ出かけているの。１９３２年と36年、母が35歳と39歳のとき。

まさし　そんな時代に。

タキ　そうなの。それである時、ホームパーティーに招かれて、「今日はどんな集まりですか？」と聞いたら、「娘の離婚パーティーなの」と言われた。「はぁ？」と思ったらしいんだけど、母もすごく悩んでるときだったから、深い関心を持って参加させていただいた。そしたら、みんなニコニコしていることに母はビックリしちゃって、「どうして皆さまニコニコしていられるんですか。離婚というのはつらいことじゃないんですか」と聞いたら、「今までそれぞれの立場で涙してきた。でもそれが解決して、明日からはそれぞれがそれぞれの人生を別の方向に歩んでいくのだから、今日はもうハッピーなの。明日に向かっての最後の晩餐。明日からハッピーになるようにって」と言われたそうなの。
　それがすごく印象に残っていて、さて娘が離婚するというので、その最後の晩餐をやろうということになった。
　で結局、あちらの親戚とうちの親戚6人ぐらいずつ集まって、費用は折半してホテルのレストランの個室借りてやったんですよ。

まさし　へぇー、どうだった？

タキ　やっぱりやってよかった。離婚パーティーでは、最後に家族の前で「お世話になりました。縁があると思って一緒になったけれど、それぞれが違う方向に成長して、違う方向に向かってこれから人生を歩んでいくことになりました。本当にお世話になりました」「いや、僕のほうこそお世話になりました」ということをご挨拶して、二人で握手して別れたの。
　もちろん、だからと言って、それからしばらくは会いたくなかったけれども、仕事の席とかで会ったときには、お互いきちんと「こんにちは」って言えた。だから離婚パーティー、おすすめです（笑）。

まさし　（笑）そうなんだ。で、そのときは結婚はもうこりごりだと思った？

タキ　いいえ。すぐにでも再婚したかったの。

まさし　なんで?

タキ　だって結婚生活そのものに幻滅を感じたわけじゃないから。相手が違ったらうまくできるんじゃないかと思ってたの。

まさし　へえ。

タキ　でも当時は、今と違って、30代で未婚の男性はほとんどいなかった。

まさし　今はもう、そんな人だらけですよ。

タキ　そうね。一方で、妻帯者とは付き合わないと思っていた。だって不公平だと思っていたから。相手はおうちに帰ると明るい電気が煌々《こうこう》とともった暖かい部屋、一方私は一人で真っ暗な冷えた部屋に入って。それにやっぱり妻として夫に浮気されるってことはとても傷つくから、こういう経験を私が味わわせちゃいけないとか、いろいろ思っていた。自分も経験したし。それでも、結婚したい、結婚したいと思ってたの。独りで生きていく自信がなかったのね。

まさし　ずーっと?

タキ　うん。父は私が33歳のときに86歳で亡くなって、母がいよいよ81歳で独りになって、母が元気なうちに私がやっぱりね。……結婚がゴールとは思わなかったけれど、やっぱり誰かパートナーがいて、娘が安定した生活をしていたほうが、母も喜ぶと私は勝手に思ってたの。
でも、結局ずっと独りだった。夢中で仕事をし、外では元気に、でも帰宅すると寂しかった。そうした生活を7年ほど続けていたら、あ、そうか、私、独りでも生きていけるんだと思った。それまでは、寂しいから、自分が不安だから誰かいるといいなと思っていたんだってことに気がついたの。

まさし　誰かに頼ろうという気持ちのほうが強かった。

タキ　ということは、結婚の観念が変わったのね。結局これがダメだからあっち、あっちがダメだからこっちで、いちいち逃げているのは自分だった。

まさし　何かに依存するんじゃなくて、私は独りでも立っていられるってことは、もし結婚するとしても、パートナーの選び方も変わるよね。すがりたい場合には、すがって頼れる人を探すけど、私は立っていられるとなれば、お互いのWin-Winの関係の人物で十分だよね。そういうふうに変わるよね。

2度目の結婚は向き合うのではなく、互いが前を向いて

タキ　そう、それで、じつは今の夫の黒川さんには家庭があったんだけれど、結局、

縁があって一緒になったのね。それまでは「相手が独身でなければならぬ」といった条件から入っていたのが、純粋の愛と尊敬から心が動いて、自分の心に素直になって行動していけるようになった。

黒川さん、離婚するときに財産をすべて相手の方に渡したこともあって、「僕、貧乏だよ」と言うから、「あなたが貧乏だからとか金持ちだからとかで私は好きになったわけじゃないから」と言ったの。「でも、本当にお金ないよ」と言ったんで、「任せといて、経済のことは」と胸叩いて言った。

そのあと、よく彼が、「ぺっちゃんこの胸叩いてね、『任せといて』って言ったんだよ」って（笑）。じつはそのぺっちゃんこだったはずの胸が、ダンスをすることによって背中の贅肉がみんな前に来たから、バストアップになっちゃった（笑）。

まさし いやぁ、タキ姐もやっぱりすごいわ。

タキ でも今でもよく憶えているのが、黒川さんと一緒になる前に、私が、今度こそ向き合って生きていくと言ったら、彼は、「違うよ。向き合って生きるんじゃなくて両方とも前を向いて、互いに成長しながら生きていく。ただし、視線の中に必ず相手がいるようにしようね。『あれ？　入ってないな』と思ったら

『あ、まだこんな後ろにいた』と待つか、『ああ、もう先に行っちゃった』と小走りすればいい。僕は立ち止まって待っている。逆のこともあり得るし」と言ったの。

まさし　男性と女性って機能も違うし、考え方も違う。まったく同じなわけがないよね。

タキ　そう。だから、すべてわかり合えるわけがない。

まさし　男性と女性じゃなくても、男性同士でも女性同士でも、同じことに向かって同じだけ努力をする関係はあり得ない。それぞれ違うから。だから遠ざかったり、違う方向を向いたりするときにはフォローし合おうっていうのはフェアな考え方だよね。だから、タキ姐はそういう人を選んだわけだ。

タキ　いや、気がついたらそういう人だった。

まさし　それは、やっぱり縁だね。

タキ　そうなんだと思う。

存在自体がユーモア

タキ　黒川さんもまさし君と同じで非常にユーモアのセンスがある人。母も素晴らしいユーモアの持ち主だった。母と黒川さんはしょっちゅう議論してたの。九十いくつの母と五十いくつの黒川さんが、もう侃々諤々《かんかんがくがく》やるの。で、そのあと、二人がワハハと笑ってるの。そんな二人を見て私が、「いいなぁ、二人ともユーモアのセンスがあって」と言ったら、「大丈夫だよ、タキ。君はね、存在自体がユーモアだから」って黒川さんに言われて。

まさし　いいねぇ。

タキ　平気な顔して言うの。

まさし　いいねぇ。

タキ　で、相性・縁だと思うのは、そのときに私は「存在自体がユーモア」と言われても怒らないで、そうか、私は存在自体がユーモアなんだ、やったやった、みたいな気になって大笑いするの。

まさし　素直だねぇ。

タキ　ウフフ……そうなの、素直なの。

まさし　裏表ないよね。言ってることと腹の中が違うっていうのがないよね。

タキ　そんなの疲れるでしょう。「口ではああ言ってるけど、腹の中はきっと違うんだ」っていうのは。

まさし ああ。「今笑ってるけど本当はどうなんだろう」とかね。いや、普通、人間同士ってそんなもんでしょ。

タキ 私はそういうの疲れるから嫌なの。でもね、人は人、自分は自分だから、必ずしもみんながみんな、私のようなわけではないことはわかる。

まさし 心の内を全部開く人ばっかりじゃないから、きっと、その開かない部分が人と人の間にいつの間にか谷を作っていくんだね。それは男同士でもあるし、女同士でもあるし、男女間はもっとあると思うけどね。

タキ もともと違うんだものね。

結婚しない女

まさし でも、やっぱり僕が考えるには、神様が人間を創ったときに、DNAの船として大事にしてるのは女性だね。おそらく最後まで生き残るのは女性だってことはもう見ててわかる。女のほうが絶対長持ちするしさ、胎内で男になる前は女で生まれるじゃない。

タキ　そうね。

まさし　そう考えると女性というのは、男が死に絶えたとしたら……きっとそのうち自分で子どもを生《な》すようになるね。

タキ　（笑）

まさし　そのぐらい強いね、女性というのは。男には手が届かないという気がする。

タキ　雑草のようなところがある。

まさし　雑草じゃないよ。もっとすごい。僕は神様が選んだＤＮＡの船は女性だと思ってるから。別に羨ましくはないですよ。だけど、その分、女性には、尊い船になってほしいよね。

タキ　ハイ。せっかく生きているんだから、そうなりたい。

まさし　例えば今は結婚しない女性が増えた。昔はまず結婚というのがあって、子どもを産むのが当たり前。今、少子化といってるけれど、僕、単に子どもを産んでも育てにくい社会だから産まないんじゃなくて、産むきっかけを失う人ってやっぱりたくさんいるし、でも、そうやって一人で生きてる女性ほど当然孤独は感じるわけだし、年を取れば取るほど。そういう女性が何を頼りに自分というものを認めていくかという、哲学的にも大きな問題が今、日本全体に横たわってると思うんですよ。多くの女性がそれを感じてるはずなの。そこを元気にするようなアイデアってあるといいなと思う。

僕の同級生の中にも、結婚しなかった女、結婚しない男、いますよ、両方。何人もいるけど、でも今、話を伺うと、たしかにみんな自分で立ってるね。自分で立ってるから一人で生きていけるんだろうなぁ。

タキ まさし君の歌の中にもあるじゃない。人は生まれるときも一人、死ぬときも一人、だけど支え合っていくみたいなこと。たしかに人は一人でも生きていける。ただ、一人で長いこと生きていると、誰かと一緒に生活するのが面倒くさくなるのよね。だって自由な空間、自由な時間に変化が生じるわけじゃない。何もしたくないときに、えー、お茶なんか自分でいれてよみたいになっちゃう。でも、パートナーがいるかいないかというのは、長い目で見たときの人生、やっぱり自分が孤独にどれだけ耐えられるかがわかったからじゃないのかな。

まさし いや、孤独になんか耐えられないって、タキ姐。

タキ もしそうなら独りじゃやっぱり生きていかれない。

まさし うん、孤独には耐えられないよね。だから、サルトル、ボーヴォワールじゃないけど、パートナーという存在があれば、どうにか自分を律することができるのね。それはとてもよくわかる。

タキ 母が102歳のときのエッセイで「愛も信念も」というのがあって、その一節に「近頃、結婚をすると、自分の自由がなくなると思っている若い方が多いそうです。が、本当の自由とは、時間や空間ではなく、どれだけ自分の信念に忠実に生きるかということ。そして、信念を支えるのが愛、ひいては家庭なのです。愛し尊敬できる相手ならば、愛も自由も努力次第で確実に手に入れられるのです。私はそれを信じ、実行し、今年102歳。元気で今の空気を吸っております。ハッピーです」と。

まさし まさにシヅエ先生だ。

一方で、僕の同級生で全然結婚する気のなかった女がいて、すごいなと思って僕が「お前、すげえな」と言ったら、「なんで、つまんない男のために私の時間を割かなければいけないんだって思う」って言われた。「男なんてね、もうその都度、適当にいるのよ、こいついいなって思うのが。そいつの周りでウロウロしてるだけで私は満たされるから、別にその後の展開がなくても全然平気だし、面倒くさいだけだから。どうせほら、一人だし」みたいなことをぽーんと普通に、普通の会話で、虚勢張ってるわけでもなく、無理しなくてそういうこと言うやつがいるとね、女ってすげえなって思う。

まあ、男も同じこと言うやつもいるし、逆もあるのね。何度も離婚して何度も結婚するやつもいるしね。でも、さまざまな人生観というのが、それはたまたまその人が歩いてる道のデコボコによったりするんだろうと思う。

オシドリはパートナーをいつも変えている

タキ　これから日本もフランスみたいに、籍は同じにする必要もなく愛するパートナーがいて、一緒に住んで事実婚でもいいし、通い婚でもいい。子どもが欲しければ産めばよいと思う。もちろん双方で育てる。婚姻届を出すとか出さないとか紙切れ一枚にこだわらない形がもっとあっていいと思うの。そういったことが自由になると、子どもを産みやすくなるんじゃないかな。

年々低下しているとはいえ、フランスの出生率は２０２０年で１・８２とヨーロッパでは高い。婚外子の割合は２０１９年に61％と日本の２・４％（２０２０年）に比べてはるかに高い。他のヨーロッパ諸国も30％以上。結婚は家と家ではなく、個人と個人の関係で成り立つという考え方でよいのでは。出産も国力のためではなく、自分たちが望むかどうかでいい。

まさし これからそうなるだろうね。

タキ 私もさっきのまさし君の同級生の話はよくわかる。彼女はまだ心から愛して尊敬できる相手に出会っていないのかも。ウロウロしていてときどき変わるけども、最終的に誰かやっぱりパートナーがいると嬉しいなって感じかな。つい先日、60代の才色兼備の独身代表みたいな私の友が70歳の男性と結婚したの。えーって、みんなビックリしたけれど、この二人がじつにお似合いのカップルでみんな心から祝福したの。

まさし そうか、まだ会っていないだけかもね。

そう言えば個人と個人の話で思い出したけど、オシドリ夫婦っていうじゃない。

タキ うん。

まさし 仲良し夫婦のたとえみたいに使われるけれど、毎回パートナー違うんだってね。

タキ 知らなかった(笑)。

まさし　だけど、人間には見分けがつかないからね。

タキ　（笑）

まさし　その点ツルは、完全一夫一婦だってね。僕、若い頃釧路でツルに餌やってるおじさんと話す機会があってね。するとツルはつがいを確認するのに鳴き合わせといって「キャーン、キャーン」ってお互い鳴き合うのね。向かい合って、羽をバタバタやって。それで夫婦になる。そしたらね、その片方が死んじゃったら、雪で埋まるまで、そこを離れないんだって。それで、雪で完全に埋まったら諦めるように飛んでいくんだって。

タキ　うわぁー、切ないけど素敵な話……。

まさし　で、「翌春はどうなの？」って聞いたら、「いや、それは鳥による」って。

タキ　（笑）

まさし　別のを連れてきたり連れてこなかったりするけども、そのぐらいパートナーシップが強いらしい。日本人がツルを好んだのはその辺もあるんじゃないかなってそのおじさんが言ってたのがすごく印象に残っている。

タキ　初めて聞いたけど心を打つ話だわね。

第5章

世代を超えて

「あなたの子どもが挫折することを恐れてはいけない」

まさし　僕、タキ姐が子どもを産んだ直後におっしゃったという、シヅエ先生のあの言葉がもう胸に残ってね。
「あなたは気がつき過ぎるほうだから、口うるさい母親になる可能性がある。子どもを大切に思う気持ちと過保護、過干渉は紙一重。あなた、そこだけは十分気をつけなさい」
それからもう一つ、おばあちゃんという立場の人がこれを母親になった娘に言うかなと思ったのが、「あなたの子どもが挫折することを恐れてはいけない」。

タキ　そう。それを赤ん坊が産湯に浸かって運ばれてきた途端に（笑）。

まさし　加藤シヅエという人の宇宙観を僕はこのときに、この言葉を伺ったときに感じましたね。

タキ　そう言えば、100歳で母が大腿骨を骨折し手術したとき、うまくいかず母の意思で再手術したの。2ヵ月間のうちに2回も全身麻酔をかけたことが響いたのか、まだらボケになって、夜間譫妄《せんもう》といって昼眠くなって夜目覚めたりすることがあったの。夜突然、「私は天国に行きますから、みんなを集めてください」と母が言って。で、家族・親戚を集めた。

「死ぬ前に話しておきたい。みんなしっかり聞いて。みんな宇宙で一つの愛で結ばれています。私が産んだ多喜子も、母親は違うけれど夫の勘十のもう一人の娘も、ここの看護師さんもみんな愛で結ばれています。みんな宇宙で一つなの」とベッドに半分起きて、両手を目の前にかざして、まるでここに宇宙世界があるかのように手を動かしながら言ったの。

　え、なんで今宇宙？　宇宙なんて言葉が出てくるなんて誰も思ってないから私の心は混乱した。「みんな愛で結ばれて、宇宙で一つなの」。何度も繰り返して、「終わり」と言って寝ちゃったの（笑）。

まさし　いいな。なんかきっと神様が言わせたんだね、「これはあなたの心の中にずっとあったものだから言っときなさい」と。

タキ　でしょうね。

まさし　だから、一人ひとりが宇宙で、一人ひとりが愛でつながってるんだということを信じてらしたね、心からね。

タキ　そう。本当にそうだった。みんなハッとしたけど、やっぱり愛、宇宙、宇宙規模でこれから物を考えなくてはいけない。宇宙規模ってどれだけ大事かってことを、そこにいたみんな気がついたと思うの。あの言葉がなければ、「宇宙」って言葉がなければ、単に「みんな仲良くしなさい」で終わっていたかもしれない。

目一杯の幸福、目一杯の不幸

まさし　僕はそのシヅエ先生のね、「この子が挫折することを恐れてはいけない」ということを生まれたところでおっしゃったでしょ?

タキ　そう。生まれてすぐ。

まさし　ここに加藤シヅエという人のね、何というか、品格というのを感じるな。本当は嬉しくてしようがなかったと思う。

タキ　そのはずなの。41歳で妊娠を報告したときに、母は、「えー!」と言うと思ったら、「あ、そう」って、じつに淡々としていたの。

まさし　嬉しくてしようがないくせにね。

タキ　「ママ、嬉しくないの?」と聞いたら、「それはもちろん嬉しいですよ。だけど、あなたが望んで望んで、やっと授かったとあなたが今報告してくれているのに、あなたの年齢で何があるかわからないでしょ？　何かあったら、あなたが一番悲しむでしょ？　私はそんな糠喜《ぬかよろこ》びできません」って。

まさし　へぇー。

タキ　深い愛情ってこういうものなのかって思った。

まさし　いや、かつての日本人は、それほど危機感を持って生きていたんですよ、未来に対する危機感。だから、「これからダメなことが起きるかもしれないけど、ガッカリしないで生きていこう」。

タキ　うん、そうだね。

まさし　ということですよね。そういう考え方、今の日本人にできるかなと思うと……。

タキ　自己防衛だよね。

まさし　それは自己防衛ですよ。もしかしたらこれは失敗するかもしれないけど、自分は失敗してでもこれをやりたいと思って失敗するのと、絶対うまくいくと思って失敗するのとでは、ダメージが違うもんね。で、失敗してもこうしようという覚悟があるかないかというのは、生きる上でとても重要なことですよね。

タキ　私が母に感謝しているのは、愛娘がこんなに喜んでるときに自分も一緒になって喜んでいたら、何かあったときにどうしていいかわからない。だから、そこで伏線を張ったということ。で、生まれたときに出てきた言葉がそれだったわけ（笑）。

まさし　でも、本当は心の中では踊ってんだよね。

タキ　そうそう。「やった、やった！　90歳にして私は初孫に恵まれた！」って踊っていたはずなの。

まさし　うん。だって、子どもが一人いるってことは、不幸が一つあるってことだからね。

タキ　そうかもしれない。

まさし　よいこともあるけど……。

タキ　でも、いろいろわからないことも多い。

まさし　この子が例えば若くして死んじゃったらどうしようという思いとか、病気になったらどう対処しようとか、要するに、いなければしなくて済んだ苦労が、いるだけで乗り越えていかなきゃいけないんだけど、そのことを生まれた瞬間に認識できてないよね。

タキ　母は1943年、長男を兵隊に取られ、同じ年にまだ26歳の次男を結核で亡くし、二人の子どもが一遍にいなくなったの。当時の夫は満州に行ったきり。戦争の真っただ中、深い悲しみと不安のどん底にいた母は一人で悶々として。日本画を描いて、集中することでいっときでも忘れようとしていたのね。当時の絵が少し残っているの。私はその思いや境遇を想像して、心を重ねてみる。

まさし　想像力があるね。シヅエ先生も想像力が豊かだから、不幸なことまで想像の中に入っちゃうのね。こっちの目一杯の幸福と目一杯の不幸を、そのまま抱えられる人だったね。タキ姐もきっとそうなんだろうね。

タキ　加齢とともに、そうなっていきたい。この本の読者の方に、自分はそういう体験がなくても、想像してそういうこともあり得るんだってことを知っていただきたいの。そこから自分は何を感じるか、どういう行動をとるのかってことを考えていただくきっかけになると嬉しいな。

まさし　この心境に至るまでに自分に足りないものは何かを探すとかね。

タキ　そうそう。足りないものを探す。もっと自分を知る。

いつも間違っているかも、と思う

タキ　人生、まあ、いくつまで生きるかわからないけれど、「私は間違ってるかもしれない」ってしょっちゅう省みるようにしているの。だけど、「間違ってるかもしれないけど、やってみよう」とも思っている。よくいろんな方がおっしゃるでしょ。「やらないで後悔するよりも、やって後悔したほうがいい」って。そう、私、今までいっぱい挫折してるんだと思うの。ただ、それを挫折だと思ってない。

まさし　思ってないね。

タキ　うん（笑）。

まさし　挫折をあまりにも大きく挫折だと思う人って、くたびれ果てていくね。僕もけっこう挫折多いんですよ。

タキ　まさし君は、スケールの大きな挫折を大きな力に変えてきている。

まさし　まあ、挫折したときはひどいダメージなのよ、でも、そこを過ぎていくと、なんかね……。ヴァイオリン修業をやってるときから、壁にドーンと当たるとね、一気に下手になっちゃうのね。急に下手になるんですよ。「わあ、下手だな」と思ったら、もうやめちゃいたくなるんだけど、それを我慢してその壁に何度も当たってるうちに、ある日突然うまくなるのね。「あの壁は何だったんだろう」と思った瞬間に壁のこと忘れるから。

タキ　わかるなあ、大きな励みになっていくのよね。

まさし　壁って、だから、乗り越えなくてもいいんだよね。脇から抜けても、壊してもいいんだよね。そんなことがだんだん年取ってからわかってくる。タキ姐はそれを本能的にわかってるね。

タキ　(笑) さっきも言ったように、「ねばならぬ」というのがないから。

まさし　「ねばならない」を作らない。

タキ　作らない。だから、「手拭い、これスカーフにしたら素敵だろうな」って思う感じ方。「手拭いだから手拭い」じゃないの。その発想をいろんなところに活用している。

まさし　僕はそれこそが知恵だと思うんですよ。

タキ　知恵かしら。

まさし　うん。知識じゃないね。

タキ　たしかに知識ではない。

まさし　僕はそれをすごく大切な知恵だと思うんだけど、それをいつでも取り出せるっていう心の置き所というのにみんな困ってるんだと思う。目一杯で余裕がないんだと思う。

タキ　そっかあ。挫折という言葉で思い出すのは、オードリーさんとの談笑で、好きな男性のタイプを聞いたとき、彼女が「A strong man」って即答！　そしてすぐ「タキは今、マッチョな男の人を思い浮かべたでしょう？」と笑うの。「でも違うの。強い人というのは、挫折を知っている人よ」と。「挫折を知っている人は強くて優しい。人の心の痛みを理解する」と。母とまったく同じことをおっしゃった。忘れられない。

親子で会話する大事さ

まさし　僕が今回改めてじっくりタキ姐と話をして一番感じるのは、ちゃんとお母さんと話をしてきたということだね。

タキ　うん。

まさし　これは素晴らしいことだと思う。今、親子の会話がないの。だから、みんな迷路に入っていっちゃうんじゃないかなぁ。で、語って聞かせるだけの人生を持った母親、語ることができるだけの知恵を持った母親に育てられた幸福、幸運というのをやっぱり僕は加藤タキに感じますね。なかなか得難い環境ですよね。羨ましいとは思いますね。

タキ　私はいつも貪欲に学びたいと思っていたから。

まさし　お母さんにいっぱい話しかけたほうですか。

タキ　うん。「どうして、どうして?」とか、「どういう意味?」とかってよく聞いていた。母は、私が小学生のときに、うちへ帰ってきてもいなかった。両親ともに政治家だったから家には大人がいつもたくさんいたので鍵っ子ではなかったけど。「ただいま」と言っても母の姿はなかった。でも、必ず食卓にメモが置いてあって、「最愛の娘、多喜子へ。お帰りなさい。今日は学校で何があったのか、あとでゆっくりお話聞かせてね。おやつは何々が用意してあります」と書いてあった。そのおやつは、すいとん、水あめ、かぼちゃの甘露煮といったものだった。

夕食は必ず親子3人でとっていた。二人とも国会議員だったにもかかわらず。夜一緒に食べてから、両親は演説会とか打ち合わせなどに出かけていたの。私が寝るときは二人ともいない。でも、夕食は一緒だった。夕食の食卓は私の独壇場というかいつも主役で、今日は学校でこんなことがあったって話していた。

こうして姿はなくても母のメモが置いてあるから、「あ、うちのお母さんはいつも私のことをちゃんと見ていてくれてる。私は愛されてるんだ」って実感があった。だから情緒も安定していた。

いろいろなお母さんによく言われたのよ。「あなた、かわいそうね。おうち帰ってもお母さんいないんでしょ？」「いません」「かわいそうね」「何がですか？」「だっておうち帰ってお母さんいないんでしょ？　寂しいでしょ」「寂しくありません」「どうして？　だってお母さんいないんでしょ？」「いません。でもママは私のこと愛してるの知ってるもん」って言い切ってた。

まさし　いいねぇ。

タキ　毎日、日替わりのメモを残すという母の知恵が、深い愛情として娘に伝わり、安心させてくれていた。

まさし　「多喜子」ってシヅエ先生がつけたの？

タキ　それは父。あのね、多く喜ぶ子って書くでしょ。

まさし　うん。

タキ　だから私、ずっと自分が多く喜ぶのかと思っていたら、父が、「お前さん、何を勘違いしてるんだ。一人でも多くの人を喜ばせることができる人になれって意味だよ」と。

まさし　あ、そういうこと。

タキ　そうだって。私、自分が多く喜ぶんだとばかり思っていた(笑)。

まさし　加藤勘十カッコいいわ。

タキ　一人でも多くの人に。それと、父のお母さんが「たき」だったんですって。平仮名で「たき」。

まさし　あ、そう。

タキ　だから、私、日本で仕事していて20～30代の頃、ソフィア・ローレンさんやオードリー・ヘプバーンさんらと関わっていたとき、加藤タキって言うと、どんなおばあさんが来るのかと思ってたってよく言われた。

まさし　タキだからね。

タキ　なぜ多喜子がタキになったかっていうと、外国人がタキコと言えなくて。タキーコ、タキーコだった。ときにはタキートになったり、カティートになったり（笑）。で、誰かがタキって言いだして、じゃあ、もうそれで行こうと思った。

まさし それでタキにしたのね。

タキ うん。

まさし でも、「多くの人を喜ばせなさい」というそのメッセージは素晴らしいなぁ。

タキ そうなの。でも、小学校高学年までずっと自分が多く喜ぶのかと大きな勘違いをしていたわけ（笑）。

まさし 「たくさんの人を喜ばせなさい」と。面白いねぇ。

子どもは一個の人格。所有物ではない

まさし お母さんとしてのタキ姐はどんな感じだったんですか？

タキ 息子が生まれて産湯に浸かって運ばれてきたときに、母に言葉のプレゼントをもらったのは大きかった。

「あなたが仕事として役に立っているその資質、よく気がつく、気が回る、そしてそれをすぐ行動に移す。しかし、その能力は子育てには一番邪魔だから。

過保護・過干渉と深い愛情とは紙一重で、特にあなたは望んで望んで本当に子どもを欲しがってたから、余計にそれは気をつけないとどんでもないウルサイ母親になる」と言われた話はしたでしょ。

まさし　うん。

タキ　「子どもにとって一番自立の妨げになる」ということを言われたわけじゃないですか。それで、「この子は今は飲むだけ、泣くだけ、出すだけ、寝るだけ。でも、一個の人格ですよ。あなたの所有物ではないのよ」と言われて、「あなたはこの子に将来こういう学校に行って、こういう職業に就いて、こういう人と結婚してって、これっぽっちも理想像を描きなさんな。ちょっとでもそう思った途端に、あなたが描くレールに息子を乗っけることになるから、それは彼の人格を無視することになる。そうではなくて、彼がどんなときにすごく喜ぶとか、どんなときに悔しそうに泣いてるとか、それを見抜いて、好きなところを伸ばしてあげなさい」って言われた。

まさし　あ、ちょっと待って。今のその「どんなときに喜んで、どんなときに泣いているのか、それを見抜いて、好きなところを伸ばしてあげなさい」って言葉はなかなか深い言葉ですよ。つまり、見つめてないと気づかないからね。

タキ　そういうことだわね。

まさし　じーっと見てなさいってことでしょ？

タキ　そうそう。

まさし　それで、息子を見つめてきた。

タキ　見つめてきた。にもかかわらず……。

まさし　にもかかわらず？

タキ　息子が小っちゃいときから、「早くしなさい」とか「ああしたら？　こうしたら？」って言っちゃうの。やっぱりコーディネーターが出てきちゃうの。先回りしちゃうのよね。

まさし　ああ、そうか。子どもをコーディネートしちゃうんだ。

「ママ、3分待って」

タキ　息子の仕草を見ただけで、あ、お腹すいてんだなとか、あ、今、○○を探してるんだなとか、あ、私が辞書でこれ調べてあげたら喜ぶかなとか。そんなの全部自分でやりなさい、やらせなさいって私はアドバイスを受けてきたのに、私がやってることは結局先回り、先回りなのね。そしたら、『週刊朝日』で親子の対談の取材があって、その場で息子から「ママ、言いたいことはわかってるから、3分待って」っていう言葉が出たの（笑）。

タキ　おおー。

まさし　息子が「本当にやろうとしてること、言おうとしてることをママが全部先回りしたら、やる気がなくなるよ」と。

タキ　それは絶対そう。「今やろうと思ったのにぃ」って泣いた記憶は、どんな子どもにもあると思いますよ。「今やろうと思ったのに、もうやらない！」っていう。

まさし　我が家では、自分の部屋はどうなっててもいいけど、リビングはみんなで使うところだから、ここは綺麗にしておきましょうっていうルールがあるの。でもやっぱり新聞はすぐたまるし、雑誌とか紙袋なんかもいっぱい。片づけなくちゃ片づけなくちゃと自分では思ってるから、さあ片づけようって思っているとき、夫に「君、いつ片づけるの？」って言われて、もうー！ってなる、同じことよね。

タキ　うん。

タキ　同じなんだけど、その気持ちをすぐ忘れちゃうのよね。それで、子どもにはそれを望んじゃうというか強いるというか。

まさし　それで「3分待ってて」。

タキ　そう言われた。

まさし　いいねぇ。

タキ　それが見出しになっちゃって、ショックを受けた（笑）。

まさし　（笑）大した子どもじゃないですか。加藤タキを黙らせるんだから。

タキ　そうね。それと、もっと私、感動したことがある。あ、この子、ちゃんと育ってるなと思ったのは、彼が大学で環境情報や建築を学び始めたとき、父親である建築家の黒川さんが先輩としてサークルから招かれたの。キャンパスが湘南藤沢だから私が運転して夫を連れて行くわけね。で、私も聴講したいって息子に言ったら、「ママは来ないで」と言われた。「どうして？　その間ママはどうしたらいいの？」と返したら、「今日はパパが呼ばれたんだ。ママが来たら、僕どう思われると思う？　過干渉なお母さんがいて、マザコンだと思われるよ」「いや、そんなつもりないんだけど」「いや、僕はそれは嫌だ。ママは今日は呼ばれてない」「じゃ、車の中で待ってるわけ？」「そう」。それを平気で私に言う。この子すごいと思った。

まさし　素晴らしいね。

タキ　うん。これすごいと思った。

まさし　なかなかそうは言えないね。でも、それを言えるのは偉いね。そしてそんなこと言われて、「なるほど」と理解できるタキ姐のすごさ。普通ムッとするのにね。

タキ　いや、正論だと思った。

まさし　偉い。俺、自分の母親にはたぶん、言えなかったね。

タキ　どうだろう？　私は夫に「君は存在自体がユーモアだよ」と言われたときに、「あ、そうか」って言ったのと同じように、息子に言われたときも、「あ、そうか」と納得した。

まさし　なるほどなって腑に落ちると呑み込めるタイプなのね。

タキ　そうみたいね。

まさし　そこが超一流。

「私は生きてる限り、あなたのお母さんです」

まさし 僕が東京のアパートで暮らしてるときに母がときどき上京してきて。で、もうグレープ始めたあとよ。2階の部屋だったんだけど、木造のアパートね。そしたら1階の物干し台のところで、「マア坊、マア坊」って僕のこと呼ぶわけ。俺、頭来てね。グレープだよ、もう。

タキ (笑)

まさし 「マア坊はないだろう!」って言ったの。そしたら、それから黙ったのね。それで、ちょっと言い過ぎたなと思って、トイレに行ったり、落ち着かないわけ。母にそういうこと言うと。

タキ でも、口からもう出ちゃったからね。

まさし うん。しまったなと思ったら、そのうち母が小さな声でさ、「さだくーん」って(笑)。

タキ (笑)

まさし 俺、もう膝折って、「どうもすみませんでした」と謝ったね。一度ね、もうだいぶ大人になってから、「いつまで子どもだと思ってんだ」と母に言ったことがあった。そしたら、そのときだけは血相変えたね。「あなた、ここへ座んなさい」「何？」「ここへ座んなさい」。で、座るじゃない。「あなたはどう思ってるかわからないけれども、あなたがいくつになろうと、私は生きてる限り、あなたのお母さんです。覚えておきなさい！」って言われて、「どうもすみませんでした」と言った記憶はあるけどね。

母というのは、そういうものなんだね。

タキ　その通り。そういうものなの。

まさし　タキ姐、いいお母さんじゃないですか。そこで黙ってくれちゃうのは。

タキ　そのときはね。

まさし　ずっと待ってたの？

タキ　たまった新聞を20センチ分くらい袋の中に詰めて持って行っていたから、それを読みながら車の中でずーっと待ってた。

まさし　何時間？

タキ　3時間ぐらいかな。

まさし　へぇ、藤沢まで行って。何も食べずに。

タキ　ひたすら新聞を読んでいた。私、読まないと処分できない人だから。

まさし　全部読むんですか、新聞は。

タキ　今ならネットでも読めるけれど、当時は紙オンリーだし、まあ、だいたい斜め読みだけど。だから、まさし君の記事もよく見つける。

まさし　そうだ。連載もずっと読んでくださった。で、読むたびに賛成反対の意見がメールで送られてくる。

タキ　(笑)

まさし　その都度、「あれはいいこと言ってる」とか、「あれは言い過ぎだ」とか。もう本当に厳しい姐《あね》ですからね。

タキ　でも、関心を持ってるってことだからね。

まさし　はい。要するに大事にしてくださっているのは伝わってくるから。大事にされてるのが伝わると、文句も言わないんだよね。

タキ　(笑)

まさし　ご主人と息子さんの関係は師弟関係になるわけでしょ?

タキ　そうね。先輩後輩の関係だけども、卒業後、はじめから息子は独立して。

まさし　あ、最初から独立したんですか。

タキ　そう。自分でやってる。今は友だちとも会社作ったりいろいろやってる。

「僕は種馬じゃありません」

まさし　父子二人の関係はどうなんですか。

タキ　すごくいい。だって、夫が50歳のときの子どもだもの。

まさし　ああ、そうか。

タキ　孫ですよ、夫にしてみたら。

まさし　まあねえ。

タキ　しかも、自分が社会的にも確立されたあとにできた子どもだから。彼は3回結婚していますけれど、はじめの息子は自分がまだ20代で、自分が食うや食わずのときにできた子どもだから、なかなか子どもの面倒見られなかったし、2番目の奥さまとの2人の息子は、私と一緒になるために離婚したとき、まだ3歳と7歳くらいだった。

まさし　ちゃんと最後まで育てたっていう経験がない。

タキ　そうなの。私との間に子どもを持つことはとっても反対した。嫌がった。自分は父親の資格がない。今まで自分は失敗して、息子たちにかわいそうな思いをさせてきたから、これ以上子どもが生まれて、子どもにかわいそうな思いをさせたくない。父親として自信がないし、責任を取ってきてないからって。

じつは母が1回だけぽろっと「孫の顔が見たいな」って言ったことがあったの。すると夫がすごいことを言ったんです。

まさし どんな？

タキ 「僕は種馬じゃありません」って。

するとと言われた母がハッとした顔して、以来、私にも、孫が欲しいとは一言も言わなかった。

だから、ずっと避妊をしていたんだけど、私が39歳になったときに「やっぱり子ども欲しいな」って言ったの。「女性として生まれて、可能ならあなたの子どもがやっぱり欲しい」と言ったら、彼が、「僕だけの理由で君が子どもを欲しいというのを拒否する権利は僕にはない。あとはもう神様がどうなさるかだね」。

まさし 公平な方なんですね。

タキ 彼がそう言ってくれた。ところが、今度は子どもが欲しいと願っても全然できないわけ。41歳を過ぎて、あ、これは神様が私には子どものない人生を選択させたんだなって、そういうふうに思うようにした。そうして気分が落ち着いたら妊娠したの。ちょうど都倉俊一君とゴルフに行っているときに、ランチタイムに少し出血したの。「あれ?」と思って夫に言ったら、「君、本当に子ども欲しいの?」と聞かれた。「うん、欲しい」「じゃあ、ハーフで上がって休みなさい」って。今でも憶えてる。

まさし　そんなにゴルフやってたの?

タキ　ずっとやってた。だって都倉君とプレイしていたぐらいだから。

まさし　都倉さん、うまいからね。

タキ　そうなの。で、子どもが生まれたでしょ。そして生まれた途端に母に言葉のプレゼントをもらったわけ。結果的には、50歳と42歳のときだから、二人とも自分たちが確立したあとなので、彼はいろいろな意味でゆとりがあったんだと思う。前の子どもたちに申し訳なかったと、言っています。

大きな十字架を背負っての離婚だったので、もちろん経済的には彼はできる限りのことをしていました。2番目の奥さまとの息子さんたちも立派に成人して活躍しているようです。最初の結婚のときの息子さんは海外に住んでるけれど、仲よく交流している。「母の日」には素敵なカードを送ってきてくれるの。

人それぞれの育ち方

まさし　僕は自立するってすっごく難しいと思うんですよ、人間が一人で立つというのは。人は何かにすがって立ってるじゃないですか。例えば、学校出ました。さあ一人前ですと世間は言う。すると会社にすがったり、地位にすがったり。高度成長期から80年代のバブル期に至るまではそれが日本人のプライドだったし、それでやっていけた。でもそうしたところと違うところでタキ姐は自分を律してきたよね。

　つまり、自分の足で本当に立ってる。何にもすがってない。それは僕は、母の教育だと思ってる。お母さんの力って、じつはそれほど大きい。

タキ　「自分が育てられてきたようにしか自分の子どもを育てられない。それしか愛情の表現方法を知らないから」ってよく聞くことだけど。でも、オードリーさんやソフィアさんを見てると、一概にそうとは言えないのよね。

まさし　なるほど。

タキ　親という人もいなかったような育てられ方をしているにもかかわらず、彼女たちはしっかり自分を確立して、そして自分たちは自らの子育てを愛情豊かにしている。

まさし　それは何なんだろう。何が違うんだろう。

タキ　何だろうねぇ。

まさし　じつは、たまたま僕が知り合ったビラン・アンドレ君というフィリピン人の男の子がいて、この子の生みの父と母は薬物中毒者で、社会保障なんかは全部薬物に化けちゃって、これじゃダメだというんで、捨てられた子を拾ってくれた人たちゃ育ててくれた日本人がいて。その子がね、中学のときから日本にやって来て岡山で暮らして、高校生になったときに彼の書いた論文が高校生懸賞論文で最優秀賞を受賞するんです。「感謝の心で」というのを書いてね、自分には5人の母親がいる。今一緒に暮らしてるお母さんと、フィリピンで自分を守ってくれた3人のお母さんと、自分を産んだお母さんと合わせて5人いる。でも、どの人もいなかったら自分はここにいない。だから、僕は5人の母親を誇りに思うというようなことを書いた。

その子がおかやま山陽高校の野球部に入って、2年生のときに「風に立つライオン基金」が主催する「高校生ボランティア・アワード」に参加したときに僕は知り合って、それから話をするようになった。彼はその後大学を卒業して、就職して、日本の女の子と結婚するんですよ。

彼の育ち方を見てると、生まれではないと感じる。すごくいいやつでね、学校の先生になるために生きてて、今のお母さんをすごく大事にしてて、お母さんの日本の姓を名乗っているのね。

タキ　そういうのを見てるとなんか、彼だけが特別なんじゃなくて、人間には、みんなもしかしたらそういう資質があるのかもしれないと思う。オードリー・ヘプバーンの話とかソフィア・ローレンの話を聞くとね、もしかしたらその資質に気づくか気づかないかで、人生大きく変わるのかもしれない。でも、それは、運という言葉で片づけたくはないけれど、それに気づかせてくれる誰かに出会えるかどうか次第かもしれない。

そう。だから誰かに出会うって、これがとても大事だよね。

オードリーさんのことで、ひとつお話しておきたいの。1987年にチャリティ・コンサートが両国国技館で開かれ、彼女がスピーチして、終わったあとにビュッフェ・パーティーがあったときのこと。集まった人たちが料理を皿に盛っては食べきらずに、また別の皿に盛って料理を召し上がっていたの。まだバブルの頃。その光景を見てオードリーさんが、「タキ、先進国はみんな同じ……。私はこの料理をすべてバングラデシュの子どもたちに届けたい……。食料の乏しい地で、彼らは配給された、たった一つのパンを半分にして私に分けてくれようとするの」。寂しそうな顔で遠くを見つめるような眼差しで話していたことが忘れられない。

まさし そうか……。本来、社会ってそういう人を、どうにかするきっかけを与えるためにあるんだろうけど、今は違うね。中途半端にみんなが生活できるからかしら。

タキ 自分さえよければいいというふうになり始めちゃって。やっぱりいろんな意味で、会話をするよりもSNSのほうが楽になっちゃったり、まあ、だからと言って嘆いてばかりいるわけにもいかないけれども。

だから、いつもアンテナを広く張って、映画でもなんでも機会を見つけて見てみる、見て心で何かを感じてもらいたい。感じようと受け止める心の動きが大事ね。

まさし うん。感じようと思わないと感じない。

タキ　ビラン君も、誰かに出会ったときに「ありがたい、嬉しい」と思う、そういう感性というのかな。これはほっておいても磨かれるものかもしれないし、でも人間誰もが言えるのは、やっぱり自分がそっちの方向に向きたいとまず思うことかな。

まさし　こうありたいという理想っていうのはなかなか持つのは難しい。例えば地位だとか、お金だとか、人間ってそういうものに目先を惑わされてしまうんだけども、本当に「こういう人になりたい」という人に出会えたら、それだけでじつは幸福なのかもしれないですね。

私は母のような女性になりたかった

タキ　そう。私が幸せだったのは、加藤シヅエを見て、「こういう女性になりたい」と思うロールモデルが小さいときからいたことね。

まさし　お母さんみたいになりたいと思っていたんだね？

タキ　思ってた。今でも思ってる。

まさし　素晴らしい。自分のお母さんみたいになりたいと思う娘が何人いるかねぇ。

タキ　そうかしら。

まさし　それほどはいないよ。まあ、それだけ加藤シヅエ先生が素晴らしい人だってことは、僕も本当によくわかるけど。

タキ　私にとっては、まず父と母に信頼されたってことと、愛されたってことが大きい。いちいちああしろこうしろと言われなかった。

まさし　僕はいろんな年老いたお母さんの世話をする人に会ってきたけれども、どこかね、大変そうな気配がみんなするのね。車椅子の押し方一つにしても、それから、車椅子に座ってるお母さんに話しかける、ささいな言葉尻なんかにもね、疲れを感じるんだけど、タキ姐とシヅエ先生と安比高原で会ったときに、一切それは感じなかったね。

タキ　そう？　母が最後に家族で安比高原で年末年始を過ごしたのは98歳のとき。ホテルの部屋の中は伝い歩きで、レストランに行くときは車椅子だった。

まさし　この人は一切、「私はつらい」とは思ってないんだなと思ったし、お母さんと一緒にいるっていうことが楽しくてしょうがなくて、ああ、こんなに喜々として一緒にいられる親子ってすげえなと僕は思った。僕だったら、例えば僕の祖母のことを思うと、小学生だったこともあるけど、おばあちゃんの世話をするってすごく億劫で面倒くさくて、本当に大好きなおばあちゃんだったのにお世話が嫌だったっていうのが正直なところあるんだけど、そういう気配がなかったよね。

タキ でも晩年、いよいよ母が人手、要するに介護のケアの人を必要とするときに、私はそれはプロにお任せしたの。

まさし もちろんそれが一番いいに決まってんだけど。

タキ 私だと、例えば食後ほどなく「お腹すいた」と言われたら「さっき食べたじゃない！」って、つい言いたくなってしまう。でも、それではいけない。さっき食べたことはすっかり頭の中からなくなっているのだから、なにか、気持ちを損ねないような、別の言い方があるかもしれないでしょう。

母が常々言っていた「老いの重さ」がいよいよあらわになったとき、母の気持ちを傷つけずに、24時間どう対処したらよいのか。夫とまだ小学生の息子がいて、仕事があって、私一人が格闘できるのか。思い迷って考えたのは、介護のプロの方にお願いしよう、と。私はその分、経済的にも仕事を頑張ろう、と。

まさし ああ、わかる。

タキ

母が１００３歳になった２０００年まではまだ介護保険制度がなかったのよ。それで１００歳のとき、大腿骨を骨折して手術、退院後は医師だった義兄が経営する老人保健施設でお世話になった。身体は不自由になっても頭はクリアで意欲的だったから、３人の主婦の方々に来てもらって、車椅子で散歩に行ったり、本を読むとか、会話のお相手になっていただいたの。

その後１０２歳で舌がんを患い、母の希望で受けた手術が成功。手術後には病室で取材を受けたり、朝日新聞社からの依頼で『朝日クロニクル　週刊20世紀（１９０１年から１９２０年）』の連載を13週にわたり口述筆記。ベッドに資料を広げて、それは熱心に取り組んでいました。編集者に「１００年近く前の時代の風と匂いまで感じる」と驚かれていました。

けれど１０３歳で舌がんが再発、もう手術は無理で、母は徐々に衰えていって。介護保険制度が始まり要介護5になった頃には、主婦の方と介護のプロの方を合わせて7人のシフトに。毎日、彼女たちに介護日誌を書いてもらって、それを読んで私が電話かファックスで、「こうしてください。母が言ったのはこういうことだと思うので」と、簡潔に伝えて。プロデューサーみたいにね。

その日誌が30冊になり、後年、経緯を2冊の本にまとめました（『加藤シヅエ

104歳の人生』『加藤シヅエ凛として生きる』〈大和書房〉)。

まさし　そこでもコーディネートしてるのね。

タキ　そうね。それから、主治医だった日野原重明先生は、ずっと親身にお世話くださって、医師と患者としてお互いに敬意と真心が通っていました。

まさし　なるほど。だけど、今タキ姐が言った、老いた母と向かい合う姿勢というのは、誰もができるわけではないんですよ。というのはね、そんな余裕がない。例えば老いた母をどう扱うか。もう施設に預ける。その施設に預けるだけでも大変なお金がかかって、もうそれどころじゃなくてっていう人たちが、何をどこにフォーカスすれば、その年老いたお母さんとちゃんと真っ当に向かい合えるんだろうか。

　これ、僕の永遠のテーマなんですけどね。それはやっぱり母と過ごしてきた時間という、その経緯の問題も当然あるんだけども、自分の母親、大事なお母さんとどういうふうに向き合うかっていうのはみんなの悩みだね。

タキ　しかも、コロナ禍で、どこか悪くなって入院したとしてもなかなか面会できなかったでしょ？　窓越しにも面会できないこともあった。

まさし　うん、コロナがあったからね。

タキ　案じても、思うようにいかないイライラ感。入院している高齢者にしてみたらこれ以上の孤独はなくて、どんどん弱ってしまうよね。この辺のことも含めて、私の友人は「今までほっておいてごめんなさい。退院したら私が面倒見る」と言ってるのだけど、いざとなると、やっぱり本当に大変。

まさし　大変なんですよ。

タキ　これは、永遠のテーマ……。私には答えは言えないな。

まさし　今の人たち、だいたい、親と話をしてないですよね。話をするというところから人間関係は始まるから、話をしなきゃダメだね。

タキ　そうなんだけどね。

まさし　でも、こんな人になりたいって自分のお母さんのことを思えるって素晴らしいよ。加藤シヅエという人がどれほどすごい人だったかって、改めてタキ姐の言葉に感じるなぁ。

「あなたはどうしたいの？」を何度でも繰り返す

タキ　母には言われましたよ。女性が仕事しながら主婦をして子育てもするのなら、

まさし　男の6倍は努力するつもりにならなくちゃできないって。
タキ　男の6倍？
まさし　うん。なんで6倍なのかは聞かなかったな。
タキ　でも実際働いている女性はね、見てると男の6倍動いてますよ。
まさし　ねぇ。
タキ　男はダメです。2倍働くだけでも、胸張っちゃうからね。
まさし　ところで、私も再婚して40年余が過ぎたの。はじめのうちはいつまた離婚するのかって思ってたぐらいだったけど、気がついたら40年経っちゃって。黒川さんも86歳になりました。
タキ　あ、そうですか。
まさし　うん。でも、相変わらず彼は意欲的で、当たり前の顔をして現役。
タキ　素晴らしいね。
まさし　これは私、心底尊敬している。寒い日でもちゃんと30分ウォーキング。歩くって、ただ歩くわけじゃないの。この時間は哲学の時間なんですって。散歩中にいろんなことを考えて、その都度思いついたことを自分のパソコンにスマホからメールするそうよ。

まさし　そうか、今の人が迷うのは哲学がないからなんだ。

タキ　それだと思う。でもどうやったら哲学を身につけられる？

まさし　それはもう、「私は誰」からやり直してもらうしかないですよね。

タキ　そうか、結局そういうことなのね。

まさし　「いかに死にたいんですか。どう死にたいですか。すなわちどう生きたいですか」というところから、やり直してもらうしかないよね。

タキ　まさし君は、やっぱり深い。

まさし　僕は17歳のときにさ、ヴァイオリンやめるかやめないかでノイローゼになって不眠症になったときに、これは哲学やんなきゃダメだと思って最初に読んだのがストア学派なのよ。いきなりストイックなほうに行っちゃってさ(笑)。で、それから哲学はどうも冷たいぞと思って、それから宗教書を読んでね。それ読んでも結局わかんないから、45歳までちょっと借りとくねって、自分の人生を45歳まで借りることにして、それから少し心が楽になった。

その楽になってるうちに歌を歌い始めてデビューしちゃって、で、いろいろと責任取ってるうちに45歳になったときには怖かった。だって17歳の自分に答えが出せない。自分は何者かなんてまだわかってないし、小説書き始めたのは

49歳だから、俺の最後の肩書はまだわからないと思ったときに、60歳まで投げたんだけど（笑）。

僕はそうやって大事なことを逃げて逃げて逃げる男なんだね。で、先送りして、60歳になったときに80歳へ投げた。そのときはもう迷いもせずに、あ、80歳にしようと思って。それがだんだん近づいてくるんだ、タキ姐。

タキ 自分を〝先送り〟って発想、おもしろいわね。

まさし どこかで結論出さなきゃいけないんだろうけど、でもわかったよ。自分という哲学を見つけられない人がいろいろと迷うんだ。自分の哲学がある人というのは、それが邪《よこしま》なものであろうと正しいものであろうと、迷わないね。それはわかる。

タキ だって何が正しいかなんて、その人が決めればいいんじゃない？

まさし そういうことですよ。「あなたはどうしたいの？」ということでしょ？「あなたはどうしたいの？」を何度も抜けてこないと、その価値観には到達しないね。

タキ うん。でも、まさし君はその80歳にまで投げたのはいいけども、80歳になったら、また100歳まで投げて。

まさし　たぶんね。
タキ　そういうことだと思うのよ。いや、それでいいのよ。
まさし　結論出せないうち死んじゃうんでしょうね。
タキ　うん、それでいいの。
まさし　いいの？（笑）
タキ　それでいいの。
まさし　あ、嬉しいな。
タキ　あなたの歌（『偶成』）にある「死ぬまで歌いたいがそうもいかないしな」という あの歌詞。
まさし　そうもいかないしね。
タキ　そんなことないのよ。決める必要ないじゃない。いくつまで歌って、いくつまで書くなんて。
まさし　そうか、決める必要はない。
タキ　ね？　歌わなくなったら曲書きゃいいんだから。詞を書きゃいいんだから。
まさし　うん、そうか。
タキ　ただ音楽集団を率いての活動は、やはりどこかで終わりを考えるのかもね。けれど音楽の神様が「さだまさし」を離さない、と思うわ。まさし君がときおり、鳴り止まぬ総立ちスタンディング・オベーションの中でラスト・アンコールに歌う、『虹～ヒーロー～』。「Yes, I'm a singer」……。あれは本当に染みるの。まっ、これから齢《よわい》を重ねて、文学の神様も君を呼んでいるのはわかるけどね。

まさし　たしかにこの年になっても、自分の結論は刻々と変わっていきますよね。ひと頃はさ、ステージ上で倒れて死んだらカッコいいとか思ってたんだけど……。

タキ　(笑)

まさし　ある人から、それは間違ってると言われてなるほどなと思って、今は僕、考え方変えましたよ。具合悪くなったらステージから降りて、ステージサイドで死ぬのは許そうと。

タキ　(笑)

まさし　人前で死ぬなんてカッコ悪いということだけはわかってきた。というふうに刻々と変わっていきますよね。

タキ　「昔お前より先に死にたいと思った　自分が悲しい思いをしたくなかっただけふとお前を送る日を想ったら気づいたんだ　醜い悲しみを押しつけるところだ

った」（『偶成』）というふうに詞も変わってきてるじゃない。

まさし　変わってきてるね。

タキ　それでいいの。だからステージ上じゃなくてもいいのよ。それに、『関白宣言』で「先に死んではいけない」と言われた方は、悲しみも含めて許していた、と思うわ。

これからのこと

まさし　これからやりたいことってありますか？

タキ　本当はね、母の、加藤シヅエのドラマを実現したいの。

まさし　加藤シヅエしか書けないじゃない、原作は。

タキ　いえ、いろいろな本から加藤シヅエを感じていただいて。

まさし　加藤タキが書けばいいじゃない。

タキ　いやぁ、脚本はどなたかちゃんとした方が書いたほうがいいと思う。別に連ドラじゃなくていいから、加藤シヅエをもう少しちゃんと残したい。一人の人間としての彼女の言葉は、今の時代にも確実に通用することをいっぱい教えてくれる、示唆してくれてると思ってるから。真心に通じると。

まさし　それはいくらでもやりたい人いると思う。

タキ　でもなかなか実現しないのよね。やっぱり政治が絡んでるのと、戦争絶対反対を主張し、戦前は国策や軍部の方針に反対して逮捕されても信念を貫いて、戦後は社会党員だったとかそういうのも絡んでるからかな。何回かトライしたんだけど、なかなかうまくいかない。

まさし　日本社会党だったってことは、自民党が止めるの？

タキ　誰が止めるのか知らないけど。

まさし　誰も止めないよ、今どき。そんな時代じゃないもの。

タキ　ずいぶんいろんな人に何冊も本を渡してるんだけど、なかなかうまくいかない。そのために、母が使ってた古ーいレミントンのタイプライターとか、そういうのを処分できずにずーっと取ってある。いろんなものをずっと取ってあるの。何かあるかもしれないと思って。

まさし　ああ、でも面白そうだな。そのドラマ見たいね。

タキ　ねぇ。働く女性のお母さんとしても頑張ったし。

まさし　何作か加藤シヅエ先生が出てくるドラマはあったよ。

タキ　うん、出てくるのはあった。ジェームス三木さんがお書きになって、うつみ宮土理さんが加藤シヅエを演じた『憲法はまだか』（ＮＨＫ、１９９６年）とか。

まさし　もっと核心に迫りたい？

タキ　加藤シヅエの人生を中心にしたい。

まさし　重要人物ではなくて、主役にしたい。

タキ　そうそう。

まさし　なるほどな。

タキ　生まれは本郷で、育ったのは麴町のドイツ人が設計した煙突や地下室、ビリヤード室もある6階建ての洋館。そこには母の叔父で鉄道官僚から政治家になった鶴見祐輔さんを通じて、内村鑑三先生を識り、新渡戸《にとべ》稲造先生がお見えになっていたから、母は10代はじめにそうした方々の話を部屋の片隅で拝聴していたんですって。それが母のその後の人間形成に大きな影響を与えたそうよ。

まさし　シヅエ先生は華族のお嬢さんでしたっけ？

タキ　いいえ、母は華族じゃない。お父さまは工学博士のビジネスマン。でも17歳で華族と結婚した。

まさし　17歳で。あらー。

タキ　当時の母のお仲間の多くはそうだったのよ。19と20歳のときに長男、次男を産んで、さっきも話したけれど1943年、大学を卒業したばかりの長男が招集された。戦地へ赴くまでは面会ができたから、兄が好きだった紅茶とサンドイッチを帯や袂《たもと》に隠して持って行って、面会所の隅で食べさせて。「決して死んではいけない。捕虜になっても、戦争が終わるまでなんとしても生きていなさい」と。その頃、家ではまだ大学生の次男が、結核となり容態が悪化していた。そして長男がスマトラへ発つ日、家の近くから軍用列車を見送ったけれど、窓はブラインドが下ろされていて、遮断した世界へ連れて行かれてしまった、と。次男は翌月亡くなったのですが、最期まで母を励ましていたそうです。

幸い、長男・石本新《あらた》は3年後に無事復員。のちに東京工業大学の教授になりました。専門は記号論理学というのだけれど、私は全然わからない（笑）。

「春の海の心」

タキ　母はいっぺんに二人の息子を手元から失った。そんなときに当時は同志でのちに結婚する私の父が母を励ますために贈った言葉が「梅花、春に魁《さきが》けて咲く」。どんなに辛くても、梅の木のように、木枯らしの吹く中でも凛としていれば、必ず蕾《つぼみ》はほころび、春の訪れが近いことを知らせてくれる。うつむいてばかりいると、せっかくもうじき春がやってくるのに見逃してしまうよ。たとえ遅咲きでもいい、勇気と希望を与えてくれる自分にとっての梅の木、自分にとっての春。

まさし　「梅花、春に魁けて咲く」という言葉は本当に素晴らしいと思う。じつは先日ラジオに太宰府天満宮の飛梅が開花しましたっていうメールが来たの。太宰府天満宮の梅は6000本といわれてるんですけど、その中でも社殿、本殿の前にある飛梅の花は、春に魁けて咲くんですよ。大概1月20日前後に開花するんです。

タキ　おお、早いね。

まさし　だから、それは日当たりがいいところもあるんだけど、受験生たちがね……じつは2代前の西高辻信貞宮司が「学問の神様」ってキャッチコピーを作った人で、「学問の神様」ってキャッチコピーができたから、受験生がみんな行くようになって、一気に超メジャーな神社になったんです。

それで、受験生にとってね、一番大切なのはやっぱり希望なのね。その希望をどうやって示すかというと、飛梅が示すの。受験って一番寒いときじゃない。1月20日から2月10日までって日本が一番寒い時期じゃない？　そこでね、飛梅が「もう春だよ」って咲いてくれるっていうのは希望だよね。

僕、だから、あの「梅花、春に魁けて咲く」というのは本当に腑に落ちる言葉でね。歌もそうありたいし、人ってそうありたいなって思いますよね。誰か元気づけるのを、「もう春だよ」とか、「もうすぐ夜明けだよ」って言ってくれるとね。

タキ　そうそう。

まさし　「もうすぐ夜明けだよ」って言い続けた人じゃない？　加藤シヅエって。

タキ　ハイ。

まさし　そして事実、夜は明けたけど、まだ足りないよね、特に女性は。

タキ　夜が明けて、あとどうするかっていうと、母は「春の海の心」という言葉が好きだった。あの穏やかーな、キラキラキラ、雄々しくもなく、荒波でもない春の海。必ず人間というのはこういうことがいっぱいあるから、自分で自分に言い聞かせなさいって。

長い目で人生を見て、自分の中に穏やかな心を持つように努力し、希望を持つ。そのためには、いつも背筋をシャンと伸ばしましょう、凛としましょうって。

まさし ああ、ゆっくりお話を聞くことが出来て、本当に良かった。深い父、聡明で温かな母の命懸けの共同作品がタキ姐なんだね。タキ姐自身もかなり頑張ったと思うけど、ある意味では両親の期待通りすくすくと育ったんだと思う。タキ姐のエレガンスは借り着じゃない。体験と教養に裏打ちされている。だから凛として揺るがない。加藤家の家紋は「凛」だったんだね。お話聞かせていただけて、本当にしあわせでした。

おわりに

加藤タキ

さだまさし君、ありがとう。

「タキ姐のいろんなこと、いっぱい聞きたい。僕がインタビュアーになる。いろいろと聞いて活字に残しておきたい。本にして多くの方々に読んでいただき、知ってもらいたい、タキ姐のさまざまなことを」

あるとき、まさし君のコンサートに行った控え室で、ひょんなことからかつて私が触れたフランク・シナトラの〝人となり〟を話していたら、彼から「もっともっと知りたい」と言われました。

え〜っ、まさし君がインタビュアーになってくれて本づくりが出来たら、そりゃ嬉しい。けれど、超多忙な彼のこと、いったいいつになるのやら。まぁ、私の夢の一つとして、心に留めておきましょ……。

あっという間に2年余が経ちました。『勇気凛凛』の歌詞にあるように「夢を捨てず　夢に溺れず」。密かに願い続けていました。

そして2022年11月、友人の個展を見に銀座の画廊へ行ったとき、運命の神さまが微笑んでくださったのです。偶然そこで、何度か仕事をご一緒させていただいた出版・広告プロデューサーの久本勢津子さんと再会。雑談の中から私の夢の話に。彼女は大変興味をもってすぐ行動に移し、講談社の田中浩史さんに繋いでくださいました。

何か物事がスムーズに運ぶときって、やはり〝ご縁とタイミング〟があるのですね。久本さんとの再会から3週間後に東京国際フォーラムでちょうど「さだまさしコンサートツアー2022〜孤悲〜」東京公演があり、田中さんと久本さんをお連れして、まさし君にご紹介。

それからはトントンと話がすすみ、年が明けた2023年1月末にまさし君が私をインタビューするために連続して2日間6時間余も時間を作ってくれたのです。

2023年は、〝さだまさしデビュー50周年〟という大きな節目の大事な年。四夜にわたって「一夜ごとに毎回異なる楽曲、音楽編成企画の記念特別仕立てコンサート」を大都市数ヵ所で展開する計画だと聞きました。加えて「グレープ」47年ぶり、4枚目の新しいオリジナル・アルバム『グレープセンセーション』と、50周年を記念したご自身

44枚目のオリジナル・アルバム『なつかしい未来』のための作詞作曲レコーディング、四夜のコンサート特別プログラムのための原稿書きなどなど目まぐるしくスケジュールが組まれている中での貴重な2日間。

誠に、ありがたく思いました。

対談を通して、あらためて「さだまさし」という人物の深さに打たれました。大人《たいじん》と呼ぶにふさわしいスケールの大きさ、無尽蔵な才能、多角的な視点、そして優しさ、人間愛への理想。母・加藤シヅエの心にいつも春の海があったように、まさし君の心には、長崎・詩島の光の海が無限に広がっているのでしょうね。

まさし君が大好きだった私の母は、エレガンスを体現している人でした。勇気と信念と教養。ヒューマニズムへの信頼。新しい道を拓く原動力は人間への愛と信じ、愛さえ世界に行き渡れば何も争うことはない。誰が正しいかではなく、何が正しいかに皆が一致してこそ進歩がある、と活動し続けてきました。

父・勘十のことも「えぇえぇ、亭主関白。そのように、私が育てましたもの」といつも母は満面の笑みでした。長い間同志として同じ理想に向かい、心から信頼し敬愛し合っていた二人。

明治・大正・昭和・平成と104年を生ききり「大正デモクラシーの言論は見事だった」を体感した加藤シヅエの精神や勇気づけられる言葉の数々を、もっと今の世に伝えたいと私はずっと願っていたので、まさし君を通してその一端に触れていただく機会となりましたこと、嬉しい限りです。

近頃の日本語の乏しさを憂える会話も交わしましたが、やはり日本語の豊饒さを学び、自分のモノとして享受しないのは、もったいないですよね。

人生100年と言われる昨今ですが、私はあと2年で80歳になります。

かつては、年を取ることが怖いと思っていたときもあります。老いは誰にとっても不安なもの。けれど、避けて通ることは出来ません。年齢を言い訳にしない。今ある能力を充分に活かし、新たな能力も蓄え進化したいという私なりの努力と意欲と心構えで、前向きに受け入れようと決めました。

ボランティア活動においては、「出来る人が、出来ることを、出来るだけする」というポジティブな〝3つのD〟をモットーに続けていこう。そして〝未来への不安より、今生きていることに集中〟し、しっかり地に足をつけて、着実に人生の旅を続けていこうと思っています。

ところで、あなたは、ご自分がお好きですか？

私は、60〜70代になってからの自分がとても好きなんです。なぜ？　今の自分のほうが、若い頃より、毎日をより一所懸命に生きている気がしているからかもしれません。生きることに、潔さを意識するようになったからかもしれません。

〝還暦を過ぎたから、70歳を超えたからこうでなければならぬ〟などという、社会的常識、価値観にしばられることでがんじがらめになってはいないか。法律は守り、常に一人前の良識人として生きていこう。が、それ以外の〝ねばならない〟から自分を解放すると、とっても自由になれる！

かつて母が１００歳のときに申しました。

「１００歳だからといって年相応に生きるのではなく、私はいつも自分らしく生きます。今の空気を吸って、自分らしく生きます」

そのためには、自分のことをより知ろう。自分の得意なことは何だろう、好きなことは何だろう、やりたいと思っていたことは何だろう。どのようにしてこれからも社会の一員としてお役に立てるのだろう。自分の可能性を信じ、ご一緒に、これからも成長していきませんか。背筋をシャンと伸ばして意欲を持って挑戦する努力を怠らなければ、きっと何歳になっても成長できます。若々しさを積み重ねていきましょう。

母の言葉が私を励ましてくれます。

「日常のささやかな営みの中に、心に深く染み入る感動があるのです」


末筆ながら、このたび私の夢だったまさし君との対談を一冊の本に完成してくださった講談社の田中浩史さんと久本勢津子プロデューサー、ありがとうございました。また家ではドジ子の私を40年余支えてくれている夫・黒川雅之と、心根のやさしい、真っ当な意見を私に述べてくれる息子・黒川彰《しょう》に、感謝します。私の左右の腕となっていつも笑顔でサポートし続けてくれている何十年来の秘書とアシスタントにも本当に感謝しています。

そして、さだまさし君とスタッフの皆さま、いっぱいいっぱい、ありがとうね。

まさし君、あなたがこれからもどのように、更なる花を咲かせていくのか、タキ姐はとっても楽しみです。

さだまさしが聞《き》きたかった、「人生《じんせい》の達人《たつじん》」タキ姐《ねえ》のすべて

二〇二三年一〇月六日　第一刷発行

著者　加藤《かとう》タキ
　　　さだまさし

発行者　髙橋明男
発行所　株式会社　講談社
東京都文京区音羽二-一二-二一　郵便番号一一二-八〇〇一
電話　編集　〇三-五三九五-三五二二
　　　販売　〇三-五三九五-四四一五
　　　業務　〇三-五三九五-三六一五

ブックデザイン　鈴木成一デザイン室
出版プロデュース　久本勢津子（CUE'S OFFICE）
印刷所　株式会社新藤慶昌堂
製本所　株式会社国宝社

271p 19cm ISBN978-4-06-533601-4